マ イ ナ ビ 新 書

怒らないで聞いてください

ビジネストーク鉄板フレーズ集

平林信隆

マイナビ新書

はじめに

「課長、怒らないで聞いてください。実は……」

もしもあなたの部下がこう言って、ミスを報告してきたら、あなたはその部下を強く怒ることができるでしょうか。きっと「しょうがないなぁ」と文句を言いながらも、不思議と部下に対しては怒りがわいてこないのではないでしょうか。

私たちが普段なにげなく使っているフレーズには、人間の心に影響を与えるツボがあります。そしてそのツボをおさえたフレーズをたくさん知っていれば、ビジネスにおいて人間関係がとてもスムーズになり、よい結果が出ます。

私は30年以上にわたり、システムエンジニア、ビジネス企画、セールス、マーケティング、商品企画、設計、サービス、品質管理、新規事業推進、物流、広報、IR、財務、宣伝広告、経営管理、経営者と多様な役割を担ってきました。この中で多くの達人たちの名フレーズに出会い、その効果を検証してきました。さらに神経言語プログラミング、影響言語など米国やカナダの最先端テクニックを開発者から直接学んできました。

本書は私が出会った多くのフレーズの中でも、すぐに実践でき、結果を出せる鉄板フレーズを厳選して紹介したものです。章ごとにテーマを設定し、1ページ1フレーズで解説しています。この1ページの中では、どんな状況で使うフレーズなのかを明示したあと、凡人と達人のフレーズをわかりやすく比較し、最後にそのフレーズに関する「達人の格言」を紹介することでまとめています。


第1章は営業・接客のシーンで役立つフレーズです。相手のことを配慮して、自然に接することで、アポ取り、情報収集、クロージングが楽になります。聴衆の心を引きつける「つかみ」や聴衆の「潜在意識」に直接働きかけるフレーズも紹介します。

第2章は人見知りでも効果があるフレーズです。初めて会う人になにを話したらよいか戸惑う方も多いと思います。話のきっかけを作り、相手を盛り上げながら自分のペースに乗せ、信頼関係を作り、相手があなたにまた会いたくなる別れ際のフレーズなどを紹介します。

第3章は部下のモチベーションを上げるフレーズです。部下のやる気を引き出すほめ言葉、部下との信頼関係を作り成長させる言葉、部下に悪い点を気づかせ改善に導く言葉を紹介します。

第4章は上司とよい関係を作るためのフレーズです。上司へ報告・連絡・相談（ホウ・レン・ソウ）をする時のフレーズ、上司から評価・信頼を得るフレーズ、どんな上司でもお願いを聞いてくれるフレーズ、上司に言いにくいことを伝えるフレーズで構成されています。

第5章は人間関係を壊さずに「断り」や「お詫び」をする際のフレーズです。誘いやセールスをきっぱりと断るフレーズ、オファーを辞退する時のフレーズ、次回につなげる断り方のフレーズ、状況に応じたお詫びと関係修復のフレーズなどについて説明します。

第6章は大人の言いまわしです。お祝い、お見舞い、葬儀での大人のフレーズ。相手の世界を尊重して上手にほめるフレーズ、うまくいかない時に元気を与えるフレーズ、さりげなく尊敬を集めるスマートなフレーズなどからなります。

第7章は会議に関係したフレーズ集です。内容は会議をはじめる時に使うフレーズ、会議中の進行に便利なフレーズ、会議をまとめに導くためのフレーズ、会議を気持ちよく終わらせるためのフレーズにより構成されています。

本書はコミュニケーションの達人や私自身の知恵を凝縮したものです。あなたの状況に応じて辞書のように使うのもよいでしょう。本書で紹介するフレーズが、あなたのビジネスに役立てば、これほど著者冥利に尽きることはありません。

怒らないで聞いてください
～ビジネストーク鉄板フレーズ集～

目次

はじめに　3
第1章　成果が出る！　営業・接客の鉄板フレーズ　11
第2章　人見知りでも効果を発揮！　会話を盛り上げるフレーズ　51
第3章　部下のモチベーションを上げるキラーフレーズ　81
第4章　上司にかわいがられるフレーズ　109

第5章　人間関係がうまくいく「断り方」と「謝り方」のフレーズ　137
第6章　できる大人の魅力を見せる言いまわし　159
第7章　会議を完璧に仕切る達人フレーズ　181
おわりに　209
参考文献　214

第1章

成果が出る！ 営業・接客の鉄板フレーズ

営業・接客のシーンで役立つフレーズです。相手のことを配慮して自然に接することで、アポ取り、情報収集、クロージングが楽になります。聴衆の心を引きつける「つかみ」や聴衆の潜在意識に直接「働きかける」フレーズも紹介します。

001

トップアパレル販売員のやわらかフレーズ

お客様が来店したら

凡人 どういうご用件でしょうか?

▼

達人 よろしければ、ご用件を承ります。

業界トップクラスのアパレル企業の接客フレーズです。いきなり用件を聞くのは不審尋問のようでお客様もびっくりして警戒してしまいます。そのような状況になるのを回避するためには、最初に「よろしければ」というような**やわらかい表現**で切り出します。お客様もあなたに心を許し、接客がしやすくなります。

◎接客は「よろしければ」で切り出せ

002

人気ショップ販売員の配慮のフレーズ

お客様を待たせてしまう

凡人　少々お待ちください。

▼

達人　**○○分ほどお待ちいただけませんでしょうか？**

大手ホームセンターでお客様のご要望の商品在庫を確認する時などに使う接客言葉です。「少々お待ちください」ではお客様にとってどのくらい待たされるのか不明瞭で少し心配になります。「○○分ほどお待ちいただけませんでしょうか？」と具体的な数字を示すことで、お客様がイライラしたり、**不安になったりしないように配慮**します。

◎待たせる時はメドを言え

003

人気マナーコンサルタントのワンクッションフレーズ

お客様にお願いしたい

凡人　お席を交換していただけますか。

▼

達人　**お客様、差し支えなければ、お席を交換していただけますか。**

レストランなどの接客で、お客様になにかお願いしようとする時は「差し支えなければ」や「よろしければ」という言葉を挿入して、**ワンクッションおくと押しつけ感がなくなります**。使う時は「お客様」と呼びかけたあと、「差し支えなければ」とクッション言葉を入れてから、「お席を交換していただけますか」とお願いしたいことを頼みます。

◎お願いは「クッション言葉」のあとに言え

004

売上成績日本一のセールス営業マンのアポ取りフレーズ

電話でアポイントがうまく取れない

凡人　○○という商品のお話をしたいのですが……。

▼

達人　**いま、1分間だけお時間をいただけますか？**

外資系生命保険会社で売上成績日本一を達成したセールス営業マンのノウハウです。

優秀な営業は商品の話をせずにアポを取りつけています。電話口で商品の話を切り出したい気持ちはよくわかりますが、そこをぐっとこらえて**アポ取りに徹するのがポイント**です。アポイントを取るまでの所要時間の上限は1、2分と肝に銘じておきましょう。

◎時間を明示してアポを取れ

005

世界最高位セールスマンの誘導フレーズ

訪問日がスムーズに決められない

凡人　ご都合のよろしい日時はございますか？

▼

達人　**来週の前半なら月曜日の午前中はいかがですか？**

外資系生命保険会社の最高位であるエグゼクティブ・ライフ・プランナーの称号をもつセールスマンのフレーズです。アポイントを取る時に忙しいお客様から都合のよい日を出してもらうのは逆に負荷がかかるものです。そこで、こちらから具体的な日時の候補を提示することで、**お客様も回答しやすい**しこちらも調整をする手間が省けてスムーズにアポイントが取れるようになります。

◎アポ取りの「日時の提示」は営業マンの仕事

006

トップ営業の切り返しフレーズ

「間に合っている」といつも断られてしまう

凡人　そう言わずに一度会わせてください。

▼

達人　よかった、お持ちだということは、ご興味があるのですね。

逆転の発想です。トップ営業マンはお客様に「間に合っている」と言われても決してあきらめません。逆にそう**言われた時こそ最大のチャンス**だと考えます。なぜなら、お客様がすでに類似の商品を使っているということは、「ニーズ」があるということだからです。そしてその事実を切り返しのフレーズで伝えます。

◎「間に合ってる」はニーズがある証拠

007

保険営業のスターの切り返しフレーズ

「興味がない」と言われてしまう

凡人　そうですか、興味がないのですか、わかりました。

▼

達人　本業は保険業ですが、今日は不動産の情報をお持ちしました。

究極の営業の本質とは、なにをおいても「**お客様の役に立つこと**」です。たとえば保険の営業マンが保険商品とは関係なくとも、お客様の役に立つことを優先し続けると、お客様との信頼関係が徐々にできてきます。一度、お客様との信頼関係が構築されれば、保険商品は自ずから売れていくものなのです。

◎お客様には「あらゆる手段」で役に立て

008

熱血トップセールスマンの切り返しフレーズ

再訪のアポイントがなかなか取れない

凡人 お会いしていただけないのですね。わかりました。

▼

達人 ほんの少しの時間でよいので、ぜひ一度お会いしたいのですが。

会ってくれない理由がなんであろうと、一度アポイントが取れたのであれば、**会いたい理由が必ずあったはず**です。アポイントを破棄されそうになっても、「どんなに短い時間でもぜひ一度あなたにお会いしたい」という熱意を伝え続けることで、会ってもらえる状況に復活できる可能性が高まります。

◎一目でも会いたい熱意を伝えよう

009

成約率99％・営業の神様の聞き込みフレーズ

取引先の情報を具体的に収集したい

凡人　わが社の商品のよいところは〇〇でして……。

▼

達人　**なるほど、そうですか。〇〇と、おっしゃいますと？**

こちらの話を一方的に相手に押しつけると、相手は不快になってコミュニケーションが取れなくなってしまいます。ところが逆に、**相手の話を「なるほど」で肯定し続けると**、相手はだんだん話したい気分になってきます。そのタイミングで「と、おっしゃいますと」と知りたいことを具体的に聞くと、相手は気持ちよく聞きたい情報について話してくれるようになります。

◎情報収集では肯定の相づちを使え

010

好感度NO・1営業マンの接点を探る言葉

商談をスムーズに展開させたい

凡人 まず、わが社の紹介をさせていただきます。

▼

達人 **趣味は、なにかスポーツとかされていますか？**

商談ではとくに、相手との共通点を見つける質問をして、距離を縮めることが大切です。なぜならば共通点や似ている点があればあるほど人の好意は強まるからです。

また、雑談というのは**相手との距離を縮めるための道具**であり、そこから相手の関心や問題点へ話を広げていくことができ、最後はその問題を解決するための商品の販売につなげていくことができます。

◎「雑談」で距離を縮めよう

011

固定客数が群を抜く営業マンの聞き出す言葉

相手の信頼を得たい

凡人 あれ、その話、前回聞きましたっけ？

▼

達人 **先日は○○とおっしゃっていましたが、最近どうですか？**

前回、相手と会った時に聞いた話をベースに話を展開することによって、相手との会話に**連続的な流れ**ができてきます。さらに相手からは「自分のあの話をちゃんと覚えてくれた」と信頼感が深まります。連続的な流れと信頼感の両方に支えられて相手との話の内容もぐっと深まります。

◎「前回の話題」でお得意様を増やせ

012

人脈がすごいセールスマンの聞き出しテクニック

相手の背景にある人脈を紹介してもらいたい

凡人　どなたか紹介してくださいますか?

▼

達人　**次回は仲のよい同期の方もご一緒にいかがですか?**

たとえ、個人としてはそれほどの魅力を感じなくとも、そのお客様のうしろにはすばらしい人脈があり、大きなビジネスにつながるかもしれません。たとえ商品を購入してくれなくとも、**人脈を紹介してもらえるチャンス**はあります。ただし、やみくもに紹介を求めるのではなく、お客様の人脈を理解したうえで「同期の方」など具体的に紹介してもらうのがよいでしょう。

◎紹介に必要なのは具体性

013
コミュニケーションスキルの専門家の質問トーク
会話がよく行き詰まってしまう

凡人 お住まいはどちらですか？
▼
達人 **○○様が決定なさるんですね、この金額だと問題になりますか？**

雑談などで相手のプライベートについて把握はできたもののそこで会話が行き詰まってしまうことがよくあります。そういう状況に直面したなら相手の現状についての質問や、相手のもつ問題や将来への期待についての**質問を柔軟に組み合わせること**で、お客様から楽に広範囲の情報収集をすることができます。そして集めた情報からよりよい提案ができるようになります。

◎質問は「現状・問題・将来」の合わせ技を意識しろ

014

成約率トップの営業マンの質問トーク

売上につながる質問をしたい

凡人 当社の価格表はこのようになっております。

▼

達人 **もし、導入するとしたら、どのくらいの予算をお考えですか？**

「もしも〜だったら」というフレーズで質問すると、お客様は具体的なイメージがわいてきて、質問にも答えやすくなります。「もしも」といった**あくまでも仮定**ですのでお客様も安心して、現実的な情報を話すことができるようになり、お互いに商談をスムーズに進めやすくなります。

◎「もしも」で聞いて、現実議論を引き出せ

015

実力派コミュニケーションコーチの次に誘導する質問

「他にお願いしています」とよく言われる

凡人 ○○ならば、ご提案できます。

▼

達人 **○○ならば、ご提案できますが、サービスは十分ですか？**

「○○ならば、ご提案できます」と言った瞬間に「○○はすでに他にお願いしているので結構です」と話が終わってしまうリスクがあります。そこで「サービスは十分ですか？」という質問で**話の余地を作っておく**ことで、たとえ「他にお願いしている」と言われたとしても、「そのサービスで十分か？」という次の話に展開させることができます。

◎売り込む時は話の余地を作っておけ

016

人たらしセールスマンの相手のメリットを優先するフレーズ

お客様が警戒している

凡人　当社の商品をぜひご採用ください。

▼

達人　**そういうことなら、○○社さんの商品のほうがいいかもしれませんね。**

一貫性をもってお客様の利益を最優先する営業マンは、時にはライバルの商品もお客様に勧めることで、相手の「売り込まれるかもしれない」という**警戒心を解いていきます**。そしてそれが信頼感に変わり、結果としてその営業マンの利益に戻ってくるものです。それに対して、終始「自分の商品を売ること」ばかりを主張する営業マンは自ずからお客様が離れていきます。

◎自社商品を主張するほどお客様は逃げる

感動を与えることで有名なセールスコーチの感情に訴えかけるフレーズ

017

しっかり商品説明をしているのに買ってくれない

凡人　このクルマの動力性能のスペックは……。

▼

達人　**このクルマでキャンプに行ったら、お子様に自然の楽しさを教えられますね。**

お客様は単に数字や性能という物的な基準だけで商品の購入を判断するとは限りません。自分や家族が利用している光景を想像しながら、「楽しそうでワクワクするなあ～」と**感情に動かされて購入**してしまう人も多いのです。お客様が物的な基準を重視するのか、家族や感動を重視するのかを見極めましょう。

◎機能より夢を売るのも時には大事

018

心理学トレーナーの最後にメリットを伝えるフレーズ

お客様にメリットを伝えたい

凡人　この商品は他社に比べて2倍長持ちしますけど、かなり重たいです。

▼

達人　**この商品はかなり重たいですが、他社に比べて2倍長持ちします。**

心理学の分野では、「人はあとから聞いた情報はより重要だと心に認識させる」という理論があります。「悪いことは先に、よいことは最後に伝える」というのが営業トークの鉄則です。そうすることでお客様の頭の中いっぱいによいことが残ります。**最初に悪いことを言う**のは勇気がいりますが、先に悪いことを伝えることであとから伝える商品のよさが倍増します。

◎よいことは最後に言うと効果倍増

019

ミシンのトップセールスマンの効果絶大な言葉

相手の懐に飛び込んで商品を売りたい

凡人　軽量で使いやすいミシンはいかがですか？

▼

達人　**ただ今、サービスで無料点検をしています。**

某大手ミシンメーカーのトップセールスマンの話です。このセールスマンはいつも「サービス課」という名刺をもち歩いています。お客様に対して、**最初は営業の話はいっさいせず**、「サービス課」としての無料点検を提案し、無料でサービスを提供します。一度サービスをしてもらうと、お客様はそれだけで喜び、セールスマンに好意をもってくれます。サービス終了後は、スムーズに商談が進みます。

◎無料から有料へつなげろ

020

カリスマ店員の心に響く勧め言葉①

お客様に流行の商品を上手に勧めたい

凡人　私はこのデザインは素敵だと思います。

▼

達人　このデザイン、素敵だって、あちらこちらでお聞きします。

心理学の分野では「価値を判断している存在をあいまいにするとその意見を心の中で受け取りやすくなる」というテクニックがあります。主語を「私は」ではなく「みんなが」とか「だれもが」といった**物事を一般化する言葉**にすると、相手の潜在意識にそのフレーズが入りやすくなります。

◎価値判断をしている存在をあいまいにせよ

021

カリスマ店員の心に響く勧め言葉②

お客様に「使いやすさ」をアピールしたい

凡人　使い心地がよい商品です。

▼

達人　一度使っていただくと、手放せなくなりますよ。

心理学の分野ではあなたの提案に理由をつけることによって、相手はその提案を受け入れやすくなるというテクニックがあります。「○○すれば△△します」というように**因果関係**で理由（○○）と結果（△△）のふたつを結びつけたフレーズを作り、そのフレーズを一気に言いきってしまうと、相手に対してぐっと説得力が増します。

◎説得は「理由」と「結果」を伝えるべし

022

外資系マーケティング部長のメリットを提供する言葉

お客様に喜んでもらうトークをしたい

凡人　この商品は○○や△△といったたくさんの特長があります。

▼

達人　**あなたの売り場の効率が必ず上がるアイデアがあるんです。**

お客様の心をつかむトークです。最初にお客様のメリットになるアイデアをズバリ言うとインパクトがあり、お客様はとても喜びます。ポイントは「お客様のメリット」を短いセンテンスに絞り込み、**結論を一言で述べる**ことです。たくさんの特長をメリハリもつけずにだらだら説明してもお客様の印象には残らないものです。

◎冒頭で相手のメリットを伝えよう

023

場数を踏んだ営業部長の逆転トーク

納期が遅れてクレームがきた

凡人 大変申し訳ありません。

▼

達人 **ご指摘ありがとうございます、もし納期の点が解決しましたら問題はないのですね。**

お客様からクレームがあった時は、その**クレーム内容を利用しながら、問題を特定**します。お客様が「問題は納期かな」と言ったならば、「もし納期の点が解決しましたら問題はないのですね」と確認をします。そしてその後に、すぐに解決方法を示してそのクレームをクロージングします。

◎クレームがきたら問題を特定せよ

024

実力派コミュニケーションコーチの自分が傷つかない質問

お客様の指摘にうまく切り返せない

凡人 うーん、そうですか、難しいですね。

▼

達人 **同じことをA社もおっしゃってましたが、今ではお得意様です。**

お客様の指摘に対して直接反論をしてしまうと、今までの信頼関係に悪影響を与えてしまう危険性があります。そこで**自分の反論を他人が言ったこと**にしてしまいましょう。自分が傷つくことなく、セールストークを続けていくことができます。他人の成功をしっかり伝えることで、お客様は安心します。

◎**「他人の事例」を提示してお客様の懸念を取りのぞけ**

025

コミュニケーションスキルの専門家の鉄板トーク

「この色は派手だな」と言われ反論したい

凡人 そんなことはありません。地味なくらいです。

▼

達人 **なるほど、鋭いご指摘ですね、実は夜でも安全に見えるように明るくしてあるんです。**

お客様に反論する場合のベストな対応方法は、まずお客様に同意してしまうことです。「そうですね」や「私も初めはそう思ったんです」などと同意したあとに「なるほど、鋭いご指摘ですね」とワンクッション入れて、こちらの論点を伝えるとお客様も聞く耳をもってくれます。この方法は「**イエス・バット法**」と呼ばれています。

◎同意してから反論せよ

026

月間1億円を売る販売員のクロージングフレーズ

もうひと押しがなかなか成功しない

凡人　絶対いいものですから、お勧めしますよ。

▼

達人　**これがあると、ご家族みんなで出かける時なんかに便利かもしれませんね。**

私たちはお客様の心の中まではわかりませんので、最後のひと押しをする時は、こちらの理論を押しつけるよりも、お客様に**利用シーン**を**連想**してもらい、その中で便利であることを想像してもらえるように誘導します。そうするとお客様が心の中で納得してみずから購入を決めてくれます。

◎クローズは押さずにイメージを与えろ

027

圧倒的なクロージングを誇るセミナー講師のイエスセット

プレゼン後の商品クロージングをしたい

凡人 ご説明したこの商品をご検討ください。

▼

達人 **私のこの話を聞いたということは、この商品が作る大きなチャンスを目の前にしているということです。**

心理学の「**イエスセット**」というテクニックです。ここでは「私の話を聞いた」ということはまぎれもない事実ですので相手が絶対「イエス」と答える内容です。このことを先に話し、続けて伝えたいメッセージを結びつけることで、相手はこの伝えたいメッセージの部分に対しても「ノー」を出しづらくなります。

◎事実で「イエス」、提案で「イエス」

028

トップセールスを輩出したコーチの土俵変えフレーズ

お客様に値段が「高い」と言われ反論したい

凡人 ここのグレードをこう下げれば安くなりますよ。

▼

達人 **今は高いと感じるかもしれませんが、購入していただけたら、価格以上に日々の満足を味わえると思います。**

お客様の指摘する「高い」というマイナス要因にこだわるのではなく、商品を手に入れるとこんなによいことがあるというプラス要因にフォーカスすることで、お客様の商品に対する見方が変わります。**マイナス要因からプラス要因へ土俵を変える**時は堂々と自信をもって行うことが重要です。

◎プラス要因にフォーカスせよ

029

セールスコーチの結果を相手に委ねるフレーズ

クロージングでお客様を追い込んでよく失敗する

凡人　こちらも特別割引にしましたので、なんとかお願いします。

▼

達人　高い買い物ですので、来週のこの時間におうかがいしますから、もう一度、じっくり考えてみてはいかがですか？

優秀な営業マンは、お客様が「クロージングで難色を示す」ことは、すでにおり込んでいます。難色を示された時に大切なのは、いかに「お客様のためであることをアピールできるか」です。そしてクロージングでのポイントは、自分のためではなく、**相手の感情を尊重**し、優先させること、すなわち相手に判断を委ねることなのです。

◎クローズはお客様の判断に委ねろ

030

トップ営業のフューチャークロージングのフレーズ

商品を買ったお客様に対して

凡人　商品をお買い上げいただき、ありがとうございました。

▼

達人　**将来、お子様が生まれたら、こういう商品に変えたほうが便利で楽しいかもしれませんね。**

お客様と継続的にビジネスをまわしていくのが有能な営業マンです。彼らにとってのクロージングとはその営業を閉じると同時に、**次のセールスをはじめる**ということなのです。お客様の将来のニーズを意識しながらクロージングすることが次のセールスにもつながっていきます。このことをフューチャークロージングと呼びます。

◎クローズと同時に「次のセールス」をはじめろ

トップセールスを輩出したコーチの切り返しフレーズ

031 「検討します」を切り返したい

凡人 ありがとうございます。ご連絡お待ちしております。

▼

達人 ありがとうございます。いつ頃までにご回答いただけますか?

「検討します」という言葉は当たり障りなく断る時によく使われる危険な言葉です。相手が本当に検討したいのか、断りたくてうやむやにしたいのか判断できない時は、「いつ頃までにご回答いただけますか?」と相手に**決断する締切を提示してもらうこと**で、はっきりしてきます。

◎「検討します」と言われた時は、期限を聞いてはっきりさせろ

032

トップセールスのコーチング講師の対応フレーズ

「検討後こちらから電話する」と言われ反応がない

凡人 では、お電話をお待ちしております。

▼

達人 **いえいえ、こちらからお電話差し上げます。火曜日と水曜日なら、どちらがよろしいですか？**

たとえ「検討後、こちらからお電話します」とお客様が言ったとしても、相手にその気がない時はかかってきません。相手とのつながりが切れないようにするためには、**こちらから電話するのが基本**です。そして電話をする日取りまで決めてしまうときっちりとフォローアップできます。

◎自分から電話をする日時を決めろ

033

トップセールスのテストクロージングのフレーズ

いつもクロージングを失敗してしまう

凡人　この車、ご購入されてはいかがですか？

▼

達人　いまなら、最短2週間で納車されますが、試乗だけでもしてみませんか？

テストクロージングによって**タイミングを見極めます**。お客様の反応が前向きであれば、本格的なクロージングをかけますが、反応がなければ、クロージングは見送ります。ここでのテストクロージングの例は試乗ですが、契約することを前提として契約後のスケジュールなどの細かい約束や話を進めるやり方もあります。

◎クローズの自信がなければテストで確認せよ

034

カリスマセミナー講師が冒頭で使うフレーズ

営業トークが相手のニーズに合っていない

凡人　このセミナーで学ぶと、あなたの「貯金」が「増え」ます。

▼

達人　このセミナーで学ぶと、あなたの「成功」が「加速」します。

なぜ、このセミナーをやるのか。「貯金」「増える」では言葉を特定しすぎているために参加している聴衆の期待にマッチしない場合、効果がありません。「成功」や「加速」という**不特定な言葉**を使いましょう。セミナーに参加しているいろいろな聴衆は「成功」や「加速」という不特定な言葉をそれぞれ自分に都合のよいように解釈してくれます。

◎「あいまい言葉」でニーズを喚起せよ

035

マナー講師の相手によい印象を与えるメッセージ

資料を効果的に見せたい

凡人　とりあえずこちらをご覧ください。

▼

達人　まず、こちらをご覧ください。

「とりあえず」は投げやりで主体性のない表現ですが、それに対して「まず」は**積極的で前向きな表現**です。ここぞという時に「まず」を使うことで相手の注目を集めると同時にメッセージ自体によい印象を与えることができます。また、重要なポイントを冒頭で言う時、プレゼンの最後に要点をまとめる時なども「まず」で切り出すと効果てきめんです。

◎積極的で前向きな表現を使え

036

交渉のプロの心地よい別れ際のフレーズ

初めて商談が成立した時

凡人 引き続きお願いします。

▼

達人 **ご縁ができて、心からうれしいです。**

百戦錬磨の交渉のプロが初めて会う相手と交渉や商談がうまく進んだ時に、別れ際に相手に伝えるフレーズです。「ご縁ができて、心からうれしいです」という言葉で「うれしい」と**自分の気持ちを素直にあらわす**と相手もうれしいものです。交渉がタフであればあるほど、このフレーズとのギャップが相手の「うれしい気持ち」を増幅させます。

◎タフな商談ほどうれしさを素直に表現しろ

037

エース営業マンの相手を思うフレーズ①

商談後の別れ際の一言

凡人 また、お会いさせてください。

▼

達人 **次回にお目にかかった時に詳しいご説明をさせてください。**

商談のあとの別れ際でのフレーズです。「またお会いさせてください」とだけ言うよりも「次回は詳しいご説明をさせてください」などと**次の打ち合わせの必然性**や具体性をもたせることで相手は「また会って話を聞きたい」という気持ちになります。別れ際は時間も限られているので、これだけを伝えて、具体的な日取りなどについては別途フォローします。

◎次の打ち合わせの必然性を伝えろ

038

エース営業マンの相手を思うフレーズ②

オーソドックスな別れ言葉にひと味加える

凡人 ありがとうございました。

▼

達人 **ありがとうございました。また、お目にかかれるのを楽しみにしております。**

相手を思いやるエース営業マンの別れ際でのフレーズです。単にお礼を言うだけではそっけないので、相手に「また、お目にかかれるのを楽しみにしております」と**感謝を込めた言葉**を伝えることで相手に「今回がとても有意義で楽しい時間だった」というイメージがインプットされます。

◎再会願望を伝えろ

039

大型量販店の日本一セールスマンの商談のあとに使う言葉
購入いただいたお客様へのお見送りの一言

凡人 また、お越しくださいませ。

▼

達人 **なにかありましたら、いつでも私までご連絡ください。**

大型量販店においてアルバイトの個人売上日本一になった「接客マエストロ」が商談のあとに使うフレーズです。ご購入いただいたお客様に対しては「困ったことがあれば、責任をもって自分が対処いたします」とお客様に約束することで購入した商品への**お客様の不安を払しょく**します。そして、お客様はあなたの誠実さと責任感に信頼を寄せてリピートカスタマーになってくれます。

◎別れ際には責任感を伝えろ

第2章

人見知りでも効果を発揮！
会話を盛り上げるフレーズ

人見知りでも効果のあるフレーズです。初対面の人になにを話したらよいか戸惑う人も多いと思います。話のきっかけを作り、相手を盛り上げながら自分のペースに乗せ、信頼関係を作り、相手があなたにまた会いたくなる別れ際のフレーズなどを紹介します。

040

有名コミュニケーショントレーナーのテクニック

季節の挨拶で話を膨らませるには

凡人 秋らしくなりましたね。

▼

達人 **もう○○の季節ですね。**

話のきっかけを作ろうと「秋らしくなりましたね」と話しかけても「そうですね」と反応されるとそれだけでもう会話が終わってしまいます。その代わりに「もう○○の季節ですね」というフレーズを活用して○○に紅葉、運動会などを入れることにより話が膨らんで盛り上がります。○○のなかには**相手が興味をもちそうなテーマ**を入れることが話を盛り上げるコツです。

◎旬のものを話題に出せ

041

ベテラン会話トレーナーのテクニック

ちょっと気のきいた天気の挨拶

凡人　暑いですね。

▼

達人　午後は猛暑になるそうですよ。

せっかく「暑いですね」と隣の人に話しかけても「そうですね」で会話が終わってしまいます。そこで「暑いですね」の代わりに「午後は猛暑になるそうですよ」にすると「最近は異常気象ですね」や「わー、もっと気温が上がるんですか」など話が広がりやすくなります。普段から**天気予報をネタとして仕込んでおく**と役に立ちます。

◎天気は少しだけ未来の話をせよ

042

マナー講師の定番挨拶フレーズ

夜遅くに帰宅途中の知人と会った時

凡人　残業ですか。

▼

達人　**こんばんは。遅くまで大変ですね。**

「残業ですか」と言うだけでは単に事実を述べるだけであまりにも客観的で冷たい印象を相手に与えます。そこで「こんばんは」と声をかけたあとに「遅くまで大変ですね」と**感情を込める**と、相手にあたたかい思いやりが伝わってよい印象を与えることができ、相手もあなたに一言でも言葉を交わしたい気分になります。

◎挨拶は「ねぎらう」を意識しろ

043

IT系トップセールスマンの盛り上げフレーズ

取引先のオフィスを初めて訪問した時

凡人　御社のオフィスはうちのオフィスから近かったです。

▼

達人　アクセスのよい場所にありますね、あこがれます。

相手の会社を訪問した際、その**オフィスや立地条件をほめる**ことは会社のステータスをほめることにつながり、言われたほうにとってはとてもうれしいものです。さらに相手のオフィスについて「あこがれます」「別世界のようです」というような自分の感情や感想をつけ加えることで親近感が倍増します。商談に入る前にこういった雰囲気を作ることはビジネスにもプラスの効果を及ぼします。

◎感想を大げさに表現しろ

044
ITー系法人営業部長のワンポイントフレーズ
ビジネス会場で相手に自分を印象づけたい

凡人 ○○と申します。よろしくお願いします。

▼

達人 **御社と関係のある仕事をしております○○です。お見知りおきください。**

人の多いビジネス会場での名刺交換は時間も限られ、たくさんの名刺が交換されるため、個々の印象は薄いものです。そこで、相手に自分の印象を残すためには、自身を**相手の仕事や興味と関係づけて自己紹介**をして、そのあとで「お見知りおきくださ い」という少し変わった言葉を使うと相手の記憶に残りやすくなります。

◎自己紹介は相手と関連づけろ

045

有名コミュニケーション専門家の究極テクニック

相手先で商談をスムーズに進めたい

凡人 本日はお時間をいただきましてありがとうございます。

▼

達人 **さすがに眺めがいいですね。お台場はあのあたりになりますか？**

相手が明らかに「イエス」と答える質問をするテクニックです。「お台場はあのあたりになりますかね？」に対して相手が「イエス」と答えることで「イエス」ぐせがつき、前向きな商談ができます。これはイエスセット話法と呼ばれるテクニックです（P38参照）。人間の特性として、「**一貫性の法則**」というものがあります。これは「人は何度も同意していると、すぐには反論しにくくなる」というものです。

◎商談はイエスと言わせる質問ではじめよ

046

世界最高位のトップセールスマンのテクニック

営業相手が警戒している

凡人 今日はこの商品についてご説明したいと思います。

▼

達人 **今日は仕事の話はしませんから、どうぞご安心ください。**

仕事の話をしますよというと、お客様は売り込まれるのではないかと思って警戒します。そこで「今日は仕事の話はしませんよ」とさりげなく伝えることで、お客様の警戒心が和らぎ、リラックスし、信頼関係を築くことができます。**信頼関係が成り立ったうえで仕事の話をする**とビジネスが進みやすくなります。まさに急がば回れという言葉どおりです。

◎仕事よりも信頼関係を優先させよ

047

ベテランセールスマンの導入フレーズ

相手の緊張を和らげたい

凡人　私の自己紹介をします。

▼

達人　お会いしたかったです。お話をお聞かせください。

人は自分を認めてくれた相手に信頼を覚えます。これが「**承認欲求**」です。「自分の話を聞いてほしい」から「あなたの話を聞かせてください」に立ち位置を変えて、相手を認めることで「承認欲求」が満たされ、緊張感が和らぎます。相手と信頼関係を構築しながら相手の情報を収集しましょう。

◎気持ちよく相手を認め、信頼関係を築け

048 飛び込み営業のスペシャリストの鉄板フレーズ

初対面の相手を持ち上げたい

凡人 前から存じておりました。

▼

達人 **ご高名はかねがねうかがっております。**

「ご高名をうかがっている」と言うのは有名で高い評価をされているという、**品性を伴う最高のほめ文句**です。初めての相手から「存じておりました」よりも「ご高名をうかがっている」と言われると相手はとてもうれしい気持ちになります。自尊心の高い相手であればとくに効果的なフレーズとなります。

◎相手の自尊心を刺激せよ

049
携帯販売セールスの決め言葉
初対面の相手の容姿をほめる時

凡人 すごく美人ですね。
▼
達人 **とてもさわやかですね。**

「美人ですね」と容姿をほめられると喜ぶ人もいますが、とくにビジネスシーンなどで使うには、少し軽い表現であるため、外見しか見ていないと**不信感をもたれるリスク**があります。一方、「さわやかですね」と雰囲気をほめると当たり障りがないので、不信感をもたれるリスクも少なくみんながいい気持ちになります。

◎容姿より雰囲気をほめるべし

050

外資系企業の元日本支社長のプチほめ言葉

ビジネスの場で相手の商品をほめたい

凡人　貴社の商品はすばらしいですね。

▼

達人　貴社の商品は○○新聞にも取り上げられ、評判がいいですね。

海外ブランド商品の元日本支社長の使うほめ言葉です。なんの根拠もなく「すばらしい」とほめると、相手によっては**単なるお世辞や見えすいた嘘に映る**こともあります。とくに多様な文化をもつお客様とお付き合いするような会社などはお客様がほめてほしいものを事前に情報収集します。そして根拠をもって具体的にほめることで相手の心の中に誠実な言葉として深くしみこませるのです。

◎ほめる時は具体性を意識せよ

051

実力派コンサルタントのヒアリングフレーズ①

名刺交換をした時の一言

凡人 お名刺ありがとうございます。

▼

達人 **難しそうな部署名ですね、なにを担当されているのですか？**

相手の名刺を見ながら、相手の部署の内容、担当する業務や組織内の立場や権限などをヒアリングする時の言葉です。もしも相手の部署の名前や肩書きに特徴がある時は部署や肩書きについてヒアリングをはじめるよいきっかけになります。そうでない場合であっても相手の**専門分野に合わせて**言葉を変えたり、共通点を見出して話題を広げ、話を盛り上げます。

◎部署と肩書きから話題を拾え

052

実力派コンサルタントのヒアリングフレーズ②

転職経験がある相手へのヒアリング

凡人　前職はどちらですか？

▼

達人　**ほう、それで、この業界は長いんですか？**

転職の多い業界では「前職」は**話を広げるための格好の情報源**です。ただし、相手の「前職」をズバリ聞くと失礼にあたりますので、「この業界は長いんですか？」と切り出すと、その人の経歴や人脈を知ることができます。そして相手の経歴や経験をほめることで場が盛り上がり、相手がビジネスの質問に関しても気持ちよく答えてくれるようになります。

◎「業界は長いんですか」で話を広げる

053 実力派コンサルタントのヒアリングフレーズ③

相手の学歴を聞き出したい

凡人　出身大学はどちらですか？

▼

達人　**ところで、ご出身はどちらでいらっしゃいますか？**

「出身大学」が同じであれば一気に相手との距離が近づくものです。しかしながら「出身大学」や「学歴」は答えたくない相手もいますので、「出身は」と少し**抽象度を上げて聞いてみます**。出身地を答えてきたら、郷土ネタで盛り上げることができますし、大学名で答える人は学歴を重視される方だとわかりますので、同じ大学出身者を担当につけるとよいかもしれません。

◎相手のタイプは「出身」を聞いて見極めろ

054

実力派コンサルタントのヒアリングフレーズ④

仕事以外の話題で盛り上げたい

凡人　ご結婚はされていますか？

▼

達人　**お酒は好きでいらっしゃいますか？**

相手の「家庭」や「家族」、とくに「結婚」に関する質問をすると相手の状況によっては気分を害する人もいます。よほど親しくなるまでは**相手の趣味や嗜好**、たとえばお酒や料理の話ぐらいにとどめておくのが賢明です。お酒や料理の話で盛り上がれば、相手の嗜好を把握することもできますので、その話の流れで接待に誘うことなどもできます。

◎**「家族」の話題は避けろ**

055

カリスマ心理学インストラクターのテクニック

きちんと相づちを打っているのに相手が不機嫌になる

凡人 へえ、すごいですねえ。

▼

達人 **すごいですねえ、○○がすばらしいです。**

「へえ、すごいですねえ」は相手を持ち上げ、話を盛り上げるのには便利な言葉ですが、「へえ、すごいですねえ」ばかり使うと**相手を馬鹿にしたようにも聞こえます。**

そういう時には「○○がすばらしい」と具体的になにがすばらしいのかを伝えると誠意のあるメッセージとして受け取られます。「すごいですねえ」と「○○がすばらしいです」を併用することで「すごいですねえ」のバリエーションを作ることができます。

◎単調な相づちは印象を悪くする

056

よく会話が途切れてしまう

大人気心理カウンセラーの鉄板フレーズ

凡人 はい、はい。

▼

達人 **それからどうされたのですか？**

相手からさらに話の続きを引き出したい時には椅子から**「前30度」に身を乗り出し**て、目を輝かせながら「それからどうされたのですか？」と聞くと相手も乗ってきて、どんどん話してくれます。最悪なのは「はい、はい」と椅子から「うしろ30度」に背もたれに寄りかかって聞くような態度です。

◎身を乗り出して続きをうながせ

057

カリスマ心理学インストラクターのテクニック

相手の意見に同意する時

凡人 ええ、そう思います。

▼

達人 **まったく、おっしゃるとおりです。**

「おっしゃるとおりです」は相手の発言に対して自分の賞賛を込めて全面的に共感、同意する時に使う鉄板フレーズです。さらに「まったく」をその前につけて、「まったく、おっしゃるとおりです」というように、この**鉄板フレーズを強化**することで、相手の気持ちの盛り上がりは最高潮に達します。

◎「まったく」で「おっしゃるとおり」を強化せよ

058

圧倒的な顧客をもつ営業マンの共感の言葉

相手の愚痴を聞いている時

凡人　わかります。

▼

達人　お察しします、さぞ、お困りでしたでしょう。

「お察しします」は思いやりをもって、**相手のつらい気持ちを受け入れる**言葉です。とくに目上の相手に対して使われます。「お困りでしたでしょう」などをつけると共感が伝わります。「わかります」だと少し上から目線で、とくに目上の方に対しては不適切であり、不快感を与える恐れがあります。

◎思いやりを示す言葉を使え

059

人気心理カウンセラーの相手の自尊心をくすぐる言葉

相手の意見に感服した場合

凡人 すごいですね。
▼
達人 **まいりました、勉強になります。**

影響言語を扱う人気心理カウンセラーが勧める鉄板フレーズです。まず、「まいりました」と相手の実力が自分より上であると潔く認めます。そして、次に「勉強になります」と相手を尊敬し、たたえるフレーズをもってきます。**自尊心がくすぐられて**とても気分がよくなった相手が「いやいや、あなたこそ」と言い出せば効果が十分あったという証明になります。

◎ **「まいりました」と相手を認め、「勉強になります」で尊敬を表現しろ**

060

熟練営業マンのここぞという時に使う言葉

相手の意見にユニークなものがあった時

凡人　なるほど。

▼

達人　目のつけどころが違いますね。

相手の意見からユニークな観点を見つけた時に、相手のすぐれた知見、考え、洞察力をほめる言葉です。ここぞという時のフレーズなので**繰り返して使うことはできません。**実際は、「鋭いですね」「さすがですね」などのバリエーションをもっておいて、相手の話に応じて活用するとよいでしょう。

◎ここぞの時は「目のつけどころ」をほめろ

061

実力派心理学コーチング講師の共感のテクニック

少しインパクトのあるほめ方をしたい

凡人 よいプレゼンでしたね。

▼

達人 **○○さんのプレゼントークは「エアケイ」並みのインパクトがありますね。**

米国系の実力派心理学コーチング講師によれば、共感を得る鉄則はまず**相手に伝わる言葉**を探すことです。相手がテニスが好きであることがわかれば、テニスの専門用語、錦織圭選手の代名詞「エアケイ」などを使うことで相手との会話がはずみます。共感が生まれれば信頼関係の構築にもつながります。

◎相手の趣味に合わせる言葉でほめろ

062

トップ営業マンのペースチェンジの言葉

自分のペースに話題を変えたい

凡人 自慢話に聞こえるかもしれませんが。

▼

達人 **手前味噌で恐縮ですが、実は私にもうれしいことがありまして。**

相手についての話から自分の話に話題を変える際、自慢話に聞こえると思い、あえて、「自慢話に聞こえるかも」と前置きをする方法もありますが、これは相手に対して嫌味に聞こえてしまうので使わないほうがよいでしょう。その代わりに「手前味噌で恐縮ですが」というような**低姿勢で話題を変える**ほうが賢明です。

◎話題を変える時は低姿勢で

063

人事コンサルタントの勧める好感度アップのフレーズ

初対面の目上の人に挨拶する時

凡人 はじめまして、よろしくお願いいたします。

▼

達人 **まだまだ、ほんの駆け出しですので、ご指導たまわりたく存じます。**

人事コンサルタントが見てきた、目上の人への好感度の高い挨拶の仕方です。多少の経験を積んできた若手社員が、目上の人に自己紹介する時には、「まだまだ、ほんの駆け出しです」といった謙虚な姿勢が大事です。そして「ご指導たまわりたく存じます」というように、**これからさらにがんばります**という意思が入っていると目上の人にとてもいい印象を与えることができます。

◎経験があっても「ほんの駆け出し」とアピールせよ

064

有名コミュニケーショントレーナーのテクニック

打ち合わせを締めるフレーズ

凡人 今日はお話をいただき、ありがとうございました。

▼

達人 **お話をまとめさせていただくと、○○ですね。他になにかございますか。**

有名コミュニケーショントレーナーの打ち合わせでのテクニックです。打ち合わせでクライアントの話を聞き終えたあと、すぐに聞いた話の内容を手際よくまとめると、内容の確認にもなります。クライアントからは**自分の話をきちんと理解している**誠実で頭のよい人間だと信頼も得ることができます。

◎聞いたことをまとめて話せ

065

コミュニケーショントレーナーの自己開示の言葉

相手に相談ごとをしたい

凡人 ここだけの話にしておいてほしいのですが……。

▼

達人 **○○さんには、なんでも話したくなるんですよね。**

あなたが相手との信頼関係を構築したいのであれば、相手への相談ごとなどを通じて、あなたを自己開示していくことは効果的な方法です。相手に自己開示をしたあとで、相手に対して「なんでも話したくなる」と言うと、あなたが相手に心を開いていることを意味し、相手も好意をもってくれるようになります。「ここだけの話にしておいて」は**誰にでも口が軽い人という悪い印象**を与えるので使い方に注意が必要です。

◎ **「ここだけ」には注意しろ**

066

人事コンサルタントのお勧めフレーズ

初対面の後輩たちと一緒にチームを組む際の一言

凡人 これからは私の言うとおりにがんばってください。

▼

達人 **○○さんと一緒に仕事ができてうれしいです。**

人事コンサルタントが見てきた、後輩たちへのモチベーションを上げる言葉のかけ方です。組織変更や人事異動などで一緒の組織で働くことになった後輩たちに対して、「一緒に仕事ができてうれしい」というフレーズを通じて**相手に信頼と好意**を伝えることができます。あなたからこの言葉をもらった後輩たちは期待に応えようと一生懸命にがんばるでしょう。

◎**「一緒に」を強調して好意を伝えろ**

067

心理カウンセラーの手堅いフレーズ

年輩の知人と久しぶりに会った時

凡人 お久しぶりです。

▼

達人 **○○さんはいつまでも、お変わりありませんね。**

人には自分の老いを受け入れて生きるタイプと老いと闘い続けるタイプがいます。あなたが久しぶりに年輩の知人と再会した時に、相手がどちらのタイプだかわからない場合でも、**このフレーズは両方のタイプに有効**です。老いを自覚していてもしていなくても「変わらない」と言われるのはうれしいものなのです。たとえ相手の外見が変わっても、内面が変わらなければこのフレーズを使うことができます。

◎年輩にはまず「変わらない」と言え

第3章

部下のモチベーションを上げるキラーフレーズ

部下のモチベーションを上げるフレーズです。部下のやる気を引き出すほめ言葉、部下との信頼関係を作り成長させる言葉、部下に悪い点を気づかせ改善に導く言葉を紹介します。

068

50人の部員をまとめる某商社のやり手部長の言葉

急な残業を部下にお願いする時

凡人 今晩、残業できるかな。

▼

達人 君のアイデアが必要なんだ、今晩やってくれるかな。

部下に残業をしてもらわなければならない時に「今晩、残業できるかな」と上から押しつけるのではなく、「他の人ではなく、君のアイデアが必要なんだ」と部下に伝えます。それにより部下は**自分の存在が重要である**と認められた気分になり、やる気がわいてきます。このことを自己重要感の充足といい、部下のやる気を引き出すポイントとなります。

◎お願いは部下の自己重要感を刺激しろ

069

部下から絶大な人気がある部長の言葉

愚直に仕事をする部下を効果的にほめたい

凡人 君はまじめにがんばってるね。

▼

達人 **○○さんが君のことをきちんと仕事してくれるとほめていたよ。**

「第三者からのほめ言葉」は部下をとてもやる気にさせる効果があります。自分がいないところで自分がほめられていると思うと、**仕事への自信**にもつながります。そして上司が見ていないところでも部下はもっと仕事をがんばろうとするので、結果的にチームの成績も向上します。

◎「第三者からのほめ言葉」で部下に自信をつけさせろ

070

変化の早い某IT企業の統括課長のほめフレーズ

そそっかしい部下をやる気にさせる

凡人 そそっかしいね。

▼

達人 実行に移すスピードがすごいね。

部下の**短所は視点を変えれば長所**にもなります。部下に対して「そそっかしい」という否定的な言葉を使い続けると部下は萎縮してしまい、本来のよさが出なくなってしまいます。反対に、部下に対して「行動が早い」「実行に移すスピードがすごい」と肯定的に言い換えて肯定的な言葉を使い続けると、部下自身のやる気が格段にわいてきます。肯定的な言葉は部下を後押しします。

◎短所でも視点を変えて長所にさせろ

071

取引先訪問でカリスマ経営者が口にした言葉

部下を必死にがんばらせたい

凡人　御社の担当の○○です。

▼

達人　御社の担当の○○は、うちの若手の中でナンバーワンです。

ＩＴ系企業の社長が取引先訪問で同席した部下をほめた際のフレーズです。ここにはふたつの意図があります。ひとつは大事な取引先なのでエース級を担当にしましたという取引先への配慮です。ふたつめは部下のモチベーションアップです。誰しも他人からほめられたいという承認欲求があります。そして、**大勢の前でほめられる**ほど、その欲求は満たされるものです。部下は期待に応えようと必死に努力したそうです。

◎**「客先でほめる」と部下は必死に働く**

072

経験豊かな有名女性コーチのほめ方

キャリアアップを志向する部下をほめる

凡人　いつもがんばってくれてありがとう。

▼

達人　**期待以上の結果ですね。これからもその調子で頼みますよ。**

人はそれぞれのタイプによってやる気のスイッチが入る言葉が異なります。キャリアアップを志向する部下の場合は目標や使命感をもって仕事に取り組んでいるタイプであるため、取り組んでいる仕事の**結果そのものを認めてほめる**ことによってモチベーションが高まります。

◎キャリア志向の部下は結果をほめろ

073レコード会社有名プロデューサーのほめ方

楽しく自由に仕事をしたい部下をほめる

凡人　ありがとう。仕事の成果が出ているね。

▼

達人　**いいねえ、さすが！　その勢いでガンガンやってよ。**

部下のやる気を引き出すためには部下のタイプを把握することがとても役立ちます。このタイプは業界によっても異なります。世界最大級のレーベルをもつレコード会社のクリエイティブな環境の中で、楽しく自由に仕事をしたい部下には理屈よりも**感覚的な言葉が効果的**です。このタイプをやる気にさせるにはとにかくおだてていい気分になるように乗せていきます。

◎クリエイティブな部下は感覚でほめろ

074

女性に人気の気配り課長のほめ方

気配りで周囲を支える部下をねぎらう

凡人 よくやってくれてるね。

▼

達人 **あなたがいてくれて本当に助かるよ。**

会社においては個人で成果を追い求める狩猟型のタイプと、チームに献身的に尽くすタイプの人がいます。このような気配りとやさしさで周囲を支える部下に対しては、たとえ小さな事実でも**感謝とねぎらいの言葉**をまめにかけることが大切です。その部下の存在価値を認めることによって部下の心を満たし、やる気につなげていきます。

◎サポートタイプの部下は「ねぎらい」でほめろ

075

IT企業の女性経営者のほめ方

感情では動かない冷静沈着な部下をほめる

凡人 がんばってるね。その調子。

▼

達人 **ありがとう、本当に正確で丁寧な仕事ですね。**

「すごい」「ワクワク」といった感情で動くタイプと「客観的」「現実的」といった冷静に動くタイプも正反対です。感情では動かない冷静沈着な部下に対しては、**事実を具体的かつ客観的に認めてほめる**ことでやる気を引き出します。このタイプに対して雰囲気でほめるのはまったく理解されず、逆効果になるため注意が必要です。

◎冷静タイプの部下は事実をほめろ

076

30年間の実績をもつ管理職のプロのほめ方

消極的で場に流されやすい部下のやる気を引き出す

凡人 キミはいつも控えめだね。

▼

達人 **このチームには、協調性が高いキミが不可欠だよ。**

会社には目立った発言もせず、消極的で場に流されやすいタイプがどの職場にも必ずいるものです。このタイプの部下にやる気を出してもらうためには「**協調性がある**」という言葉が有効です。「チームワークに徹しているんですね」という言葉も使えます。このタイプの部下に「消極的」「周りに流される」という否定的な言葉を使うとそちらに流れてしまう恐れがあるので注意しましょう。

◎流される部下は「協調性」をほめろ

077

著名コーチングトレーナーの救いの言葉

伸び悩んでいる部下にかける一言

凡人 不振の原因究明をしないと前進できないよ。

▼

達人 ポテンシャルは高いんだから、どんなことでもできるんだよ。

米国の著名コーチングトレーナーによれば人は成功するための資質をすべてもっています。将来、「できる」「可能性がある」ということは誰も否定はできません。たとえ伸び悩んでいる部下に対しても「ポテンシャルは高いので、どんなことでもできる」という**肯定的なイメージを提供する**ことができます。その結果、部下の心は救われ、やる気がわいてきます。

◎伸び悩む部下は「ポテンシャル」をほめろ

078

度量の大きさで有名な経営者のやる気にする言葉

仕事ができる若い部下のやる気をさらに引き出したい

凡人　若いのに仕事ができるね。

▼

達人　**僕の新人時代は君ほど仕事はできなかったよ。**

大手家電メーカーの人望の厚い元専務の言葉です。部下にとって、自分が尊敬する上司が実は新人の頃は自分より**実力が下だった**という告白を上司本人からうけると、そのことを自己開示してくれた上司への親しみと信頼感が高まります。それと同時に自分の自信にもつながり、さらに成長していこうという将来へのやる気がわいてきます。

◎「あの頃は部下よりも実力が下」と度量を見せろ

079

成長に導くことで有名なコーチング講師の言葉

若手の出世欲を刺激したい

凡人 がんばれば出世できるよ。

▼

達人 **君はもっと上を目指せる人間だと思うよ。**

自分の将来の可能性というものは自分ではなかなか気づきにくいものです。自分自身のこととなると主観的になってしまうため、**第三者の客観的な見解**が必要となります。上司としてきちんと部下の将来の可能性を伝えてあげることは部下にとっての大きな自信になると同時に、部下自身が将来を見据えて、大きく成長しようというやる気につながってきます。

◎部下の将来の可能性を伝えろ

080

大企業の創業者のやる気を与える言葉

苦労して成果を出した部下をほめる一言

凡人 よくやってくれたな。

▼

達人 **相当な苦労があっただろうが、よく熱意をもってやってくれたな。**

京セラの創業者、稲盛和夫さんの言葉です。成功するためには仕事をやりとげるという熱意が最も大切です。したがって部下を評価するうえでも熱意があるかの見極めが大切です。そして部下の**熱意の火を消さない**ように、熱意をほめることは重要です。稲盛流の「成功の方程式」でも「成果」＝「考え方」×「情熱」×「能力」であり、成功のためには「熱意」は不可欠です。

◎結果と熱意をほめる

081

熟練メンタルトレーナーの鉄板アドバイス

考えずに行動して失敗した部下を叱る

凡人 考えずに行動するから失敗するんだよ。

▼

達人 **今すぐやることは大切だよね、しっかり考えることでもっと行動しやすくなるよ。**

「考えずに行動する」を肯定的に言い換えると「今すぐにやる」になります。この「今すぐにやる」が相手の世界観でもあります。まずは**相手の世界観に言葉を合わせ**ながら、自分が言いたいポイントである「しっかり考えるのは大切」という世界観にリードしていくことで、違和感なく、相手の行動が変わってきます。

◎相手の世界観に言葉を合わせて叱れ

082 有名コーチングトレーナーのアドバイス

モチベーションが下がっている部下に対して

凡人 俺の言うことをやれば成功する。

▼

達人 **君が成功するために私がいる。**

一般的に他人の心の中を理解するのは不可能と言われています。部下の心の中も上司が正確に把握することはできません。部下が成功するためには**部下自身が考えて、行動を起こす**ことが大切です。このように部下の成功をサポートするのが上司の役割だというメッセージを伝えることで、部下も安心して主体的に行動することができ、上司は部下のやる気を自発的に引き出すことができます。

◎サポートする意思を伝えろ

083

某メーカーの企画室長のアドバイス

部下に仕事を任せる時の一言

凡人 この企画やっておいてね。

▼

達人 **○○さんだからこそ、この企画を頼みたいんだ。**

メーカーの企画室長のフレーズです。「○○さんだからこそ」と部下の名前をしっかり呼び、「この企画を頼みたい」と具体的な企画内容や仕事内容を提示することで、部下の認められたいという欲求が満たされます。そして部下の上司への信頼関係が高まり、**この上司のためならばがんばろう**という気持ちになってきます。

◎部下の名前をしっかり呼べ

084

米国NO・1心理トレーナーの気づきを与えるフレーズ

部下に自主的に改善してもらいたい

凡人　ダメじゃないか。○○なんかしたら失敗するよ。

▼

達人　**せっかくいいところまできているのに○○しては台なしだよ。君は能力があるのにもったいない。**

まずは、部下のよいところをほめて部下の自尊心を満たしたうえで、悪い点を指摘します。そして最後に再び部下をほめることで部下は反発することなく悪い点を改善しようという気になります。このやり方は米国では「悪い点への指摘をほめ言葉で挟む」という意味で**サンドウィッチフィードバック**と呼ばれています。

◎**よいところをほめて、指摘し、またほめろ**

085

日本屈指の経営者の部下を動かす言葉

失敗を恐れて動かない部下を動かしたい

凡人　どうしておまえはできないんだ。

▼

達人　なにもしないのが一番の悪だ。とにかく動け。失敗はOKだ。

日本屈指の経営者のフレーズです。人間の心は自分が普段使っている言葉によって影響を受けてしまい、それが行動に現れます。普段から「できない」と自分で口にすれば本当にできなくなってしまいます。その経営者は部下が「できない」という言葉を口に出すのを禁じ、**失敗を許容する**ことで、部下が主体的に動けるように働きかけました。

◎失敗を許せば、部下は動き出す

086

経験豊かな有名女性コーチの叱り方

キャリアアップ志向の部下を叱る

凡人　こんなミスしたらいけないよ。

▼

達人　**こんなミスするなんて、あなたらしくないですね。**

キャリアアップを志向する部下は一般的にはメンタルが強いので、強く叱っても大丈夫です。むしろ強く叱ったあとに「本来のあなたならできるはず」と**期待感を伝えること**で、一気にやる気のスイッチが入ります。きびしくすれば成長するという特性を生かすのも上司のスキルです。

◎強く叱って、期待を伝えろ

087

レコード会社有名プロデューサーの叱り方

楽しく自由に仕事をしたい部下を叱る

凡人 次からミスしないように気をつけてくれ。

▼

達人 **こうすれば、もっとうまくいったんじゃないかなあ。**

楽しく自由に仕事をしたい部下は**否定的なメッセージが苦手**です。少しでも否定されたと感じると、急激にやる気を失ってしまうこともあります。ほめ方とは違って、叱り方は感覚的ではなく、改善や解決のための具体的方法を要望として伝えるのがよいでしょう。クリエイティブな仕事を好む部下にはこの叱り方が合います。

◎きっちりと改善や解決策を伝えろ

088

女性に人気の気配り課長の叱り方

気配りで周囲を支える部下を叱る

凡人 ミスしたらみんなに迷惑がかかるじゃないか。

▼

達人 がんばってくれたのはよくわかっているよ。でも……。

人間関係や場の空気を大切にして、気配りとやさしさで周囲を支えようとする部下にとって、**人の面前で上司から一方的に叱られる**とモチベーションが失せ、立ち直れなくなる恐れがあります。「大変なのはわかっているよ」と共感を示したうえで、「でも……」と指摘することで改善するモチベーションが上がります。

◎サポートタイプは共感を示して叱れ

089

感情では動かない、冷静沈着な部下を叱る

IT企業の女性経営者の叱り方

凡人　ミスしたらだめじゃない。

▼

達人　**どこが悪かったのか、あなたはどう考えているの?**

感情では動かない、冷静沈着な部下は自分自身で考えて納得しないと行動に移れないため、ミスした時も**頭ごなしに叱ってはいけません**。ミスの原因が明らかだとしても、断定して伝えるのは逆効果です。ミスの原因は本人に考えさせ、言葉に出させる必要があります。

◎ミスの原因を本人に言わせて納得させろ

090

経験豊かなコミュニケーションセミナー講師のフレーズ①

資料作成のやり直しを命じる一言

凡人 だめなので、やり直してください。

▼

達人 **全体はよいと思います。こうするともっとよくなると思うよ。**

相手に気持ちよくやり直しをしてもらいたい時は、まず相手のこれまで出してきた結果を肯定的に受け入れて、評価し、伝えます。そしてそのうえでさらによくなる**改善策を提案**すると、反感を買わずに気持ちよくやり直しに応じてもらえます。提案する前に「さらによくなるためにあえて提案をすると」などのフレーズを挿入すると効果的です。

◎部下の仕事を肯定的に評価して、改善策を提案せよ

091
経験豊かなコミュニケーションセミナー講師のフレーズ②

部下に注意しながらやる気を引き出したい

凡人 キミはここが悪いので直したほうがいいよ。

▼

達人 **○○するのはよいけど、ここは△△し過ぎだぞ。**

部下のよい面や悪い面はコインの両面のような関係になる時があります。上司としては部下の能力を最大限に引き出すために**よい面と悪い面のバランス**を調整しなければなりません。そんな時は、指摘したいポイントのよい面をいったんほめて、その後、悪い面を指摘すると、部下の心に前向きにしっかりと伝わり、部下のバランスの取れた行動につながります。

◎よい面をほめたあと悪い面を指摘し、バランスを取れ

092

経験豊かなコミュニケーションセミナー講師のフレーズ③

報告・連絡・相談をしない部下を注意したい

凡人 報告しないとダメじゃないか。

▼

達人 **教えてくれないとフォローできないでしょ。**

人間は**自分のメリットになることは受け入れやすい**ものです。ホウレンソウ（報告・連絡・相談）をしない部下にもそれは当てはまります。「あなたもホウレンソウをすると、上司がフォローをしてくれるので、あなたの仕事がうまくいきます」というように部下に対してメリットを伝えることで、部下はホウレンソウをすることを受け入れやすくなります。

◎メリットを伝えて行動させろ

093

経験豊かなコミュニケーションセミナー講師のフレーズ④

うっかりミスをした部下を上手に注意したい

凡人　またミスらないように気をつけてもらわないと困るよ。

▼

達人　私もよくやるので、あなたも気をつけてね。

いつもガミガミと部下を叱っていると部下も上司に反発し、人間関係が壊れかねません。そこで、自分もよく起こすような些細なミスであれば、相手を叱りつけるのではなく、「私もよくやるので」と**相手に譲歩したあとで、間違いを事実として指摘し**ます。すると反発されることもなく、部下に自発的な意識を植えつけることができます。注意の仕方もメリハリをつけることが大切です。

◎ミスの程度により、メリハリをつけて注意せよ

第4章

上司にかわいがられるフレーズ

上司とよい関係を作り、維持するためのフレーズです。上司へ報告・連絡・相談（ホウ・レン・ソウ）をする時のフレーズ、上司から評価・信頼を得るフレーズ、どんな上司でもお願いを聞いてくれるフレーズ、上司に言いにくいことを伝えるフレーズにより構成されています。

094

コミュニケーションプロコーチの模範報告フレーズ

上司に報告する時のコツ

凡人 プレゼンしてきました。けっこういい感触だったような気がします。

▼

達人 **Aさんと B部長に説明し、部長は「提案の趣旨はよくわかる」と言って、2、3日後にメールで結果をくれるそうです。**

上司への「報告」「連絡」「相談」（ホウレンソウ）の中の「報告」のフレーズです。「報告」は上司に**事実を「正しく」「わかりやすく」伝える**ことが必須となります。「いい感触」とか「けっこう」などの自分の感覚的な感想は報告としては失格です。あくまでも事実を報告することが「報告」なのです。

◎報告は事実を正しく伝えろ

095

できる広告マンの効果的な報告フレーズ

「で、結論は何なんだ」といつも言われてしまう

凡人　A社の広告企画コンペでわが社は首都圏の交通広告で訴求するという案を提案しておりましたが……。

▼

達人　**A社のコンペの件、結論はB社に決まりました、理由は我々の媒体セレクトがA社に合わなかったためです。**

上司は忙しいので、報告はまず何の用件かを断ってから、最初に結論を伝えることが大切です。そしてそのあとで結論に至った理由をシンプルに伝えます。ここでは**あくまでもシンプルに伝える**ことがポイントです。

◎報告はまず結論を言え

096

有名マナー講師の言い方アドバイス

上司へ急ぎの報告がある時の一言

凡人　○○の件が△△になっておりまして……。

▼

達人　**○○の件で急ぎの報告があるのですが、今よろしいでしょうか。**

急ぎの「報告」をしなければならない場合、上司に話しかける時にはまず**最初に話の趣旨はなにかを伝えます**。すなわちこの話は「報告」「連絡」「相談」のうちなににに当てはまるのか、緊急性はどうなのか、なにについてなのか、時間はどのくらい必要なのか、などを最初に上司に伝えてから時間をもらうのが基本マナーです。すぐに詳細を報告するのか、別途時間を作るのかは伝えた趣旨から上司に判断を任せます。

◎趣旨を伝えて時間をもらえ

097

コーチング講師のお勧めフレーズ

上司へ込み入った相談がある時の切り出し方

凡人　○○の件なんですがいろいろ問題が起こり、それぞれの対応で困っております。

▼

達人　○○の件で困ったことになっておりましてご相談があるのですが1時間ほどいただけますでしょうか。

悪い話を相談しなければならない時は、あらかじめ「困ったことになっておりまして」という切り出しをしておいて、**上司に心の準備をしてもらう**こともひとつのやり方です。

◎心の準備をしてもらうフレーズを使え

098

コミュニケーションスキル講師の推奨フレーズ

上司の指示や意見が明確に間違っている

凡人　この点が間違っていると思うのですが。

▼

達人　**○○について確認したい点がございますがよろしいでしょうか。**

上司も人間ですから部下から**間違いをズバリ指摘されると気分が悪くなる**こともあります。上司が感情的になると適切な判断に支障をきたしますので、そのことを回避するためには、まずは上司に「案件について確認したい点がある」ことを伝え、事実を上司と一緒に冷静に共有・確認することによって、上司も客観的に前言を変更しやすくなります。

◎間違いは上司と一緒に事実を確認せよ

099

のびしろのある若手営業マンのフレーズ

上司に売上は最近どう？と聞かれた

凡人 景気が悪く、売上がなかなか上がらないのですが、なんとかがんばります。

▼

達人 **景気全体は悪いのですが、ここの業種はのびているので、積極的に攻めていこうと考えています。**

現状の枠の中で仕事をするだけでは上司は「これしかやらないし、できない部下」と判断します。それに対して、「現状の枠の外にあるのびしろ」すなわち「**先読みをして行動する姿勢**」を上司にみせることで上司は「他とは違うできる部下」と評価してその部下への信頼感が強まります。

◎**「先読み」で、違いをみせろ**

100

コミュニケーションコンサルタントの確認フレーズ

「言った」「言わない」によく巻き込まれる

凡人 部長、大丈夫です。

▼

達人 **部長のおっしゃることは、こういうことですよね。**

上司からの指示・依頼は、ちゃんと正確に伝わったことを確認しないで話を進めると**双方の理解の違いに気づかず**に物事が進行してしまい、取り返しのつかないところで、「言った」「言わない」の論争が巻き起こるリスクがあります。上司からの言葉少ない依頼は「言った」「言わない」のリスクを避けるためにも、一点の誤解も生じないように確認することが肝要です。

◎上司からの指示は必ず復唱しろ

101

部のみんなに可愛がられる商社マンのほめ返しフレーズ

部長に自分の仕事の姿勢や結果をほめられた

凡人 ありがとうございます。がんばります。

▼

達人 **部長やみなさまにこのようなチャンスをいただき、とても感謝しています。**

上司が自分の仕事ぶりや成果をほめてくれた時は自分だけの手柄にはせずに、その上司や周囲への感謝の気持ちを素直に**言葉にして伝える**ことが大切です。そうすることで、あなたの上司や周囲の仲間のあなたに対する好感度が上がり、周りからさらに目をかけてもらえるようになります。

◎上司や周囲への感謝の言葉を返せ

102

プロジェクトマネージャーの相手を立てるフレーズ

プロジェクトが成功した時の一言

凡人 成功してよかったです。

▼

達人 **部長のお力添えとメンバーの一体感がなければ私は途中で投げ出していたかもしれません。**

上司が責任者であるプロジェクトなどを成功させた時は「上司を立てる姿とともに困難を乗り越えた**プロジェクトメンバーたちとの一体感**」などを成功の喜びの言葉の中で慎ましやかに表現しましょう。上司からは「周りと調和しながらきちんと結果を出せるやつ」とあなたがさらにかわいい部下に映ります。

◎プロジェクトの成功は「チームの支え」を強調しろ

103

一流経営研究所お勧めの部下からの言葉

上司から少々やっかいなことを頼まれた

凡人 命令とあらば仕方ないですね。やってはみますけど。

▼

達人 **私にできるでしょうか、でも、がんばってやってみます。**

上司も人間ですので、**依頼を肯定的に受け入れてくれる**部下に対しては、より多くの仕事を頼みやすいものです。そして、そういう明るい部下にはどんどんよい仕事が集まってきます。「仕方がないですね」と否定的に依頼を受けると、上司はその部下に依頼したことを後悔し、次からはその部下にはよい仕事が来なくなります。

◎上司の依頼は明るく引き受けろ

104

一流経営研究所お勧めの上司へ伝える言葉

上司にこっぴどく叱られた時

凡人　私は間違っていないと思います。

▼

達人　**昨日は申し訳ありませんでした。よくわかりました。**

上司に叱られた時は落ち込んでしまい、叱られたことを引きずりやすいものです。そういう時は**上司が目にかけてくれているから叱る**くらいの気持ちですぐにお詫びをして、そこで気持ちを切り替えることが大切です。お互いに気持ちを切り替えることで、信頼関係を再構築します。叱られたことに対して自分は間違っていないとこだわり続けるのではお互いによい進展が期待できません。柔軟性を高めることも必要です。

◎気持ちの切り替えを優先させろ

105

最年少課長の上司を巻き込んでしまうフレーズ

上司にお願いを聞いてもらいたい

凡人　○○についてお願いがあるのですが……。

▼

達人　**○○は私どもの手には余るので、部長のお力をお貸しいただきたいのですが……。**

大手企業で上司に認められ、最も早く課長に昇進した社員のフレーズです。部下から「私どもの手には余るので、部長のお力をお貸しいただきたい」と頼まれると上司のプライドがくすぐられ、**一肌脱ごうという気持ちになります**。上司が案件に主体的に関わることによって前向きなサポートをしてもらいやすくなります。

◎**上司の自尊心を刺激しろ**

106 企業向けプロコーチの上司を動かす言葉①

悩んでいる上司に提案する時

凡人 こうするべきだと思います。

▼

達人 **こうする方法もあると思いますが、いかがでしょうか。**

行き詰まった上司に対してやり方を提案したい時に使うフレーズです。上司が行き詰まった状態にあるため、実際に上司からのトップダウンの指示は期待できません。そこで、上司に対して、選択肢を提案するフレーズを用います。そして、その**選択肢を上司が判断する**という形で上司のメンツを保ちます。

◎選択肢を提案して上司に判断させろ

107

企業向けプロコーチの上司を動かす言葉②

上司に決断をせまりたい

凡人　部長、はやくご決断ください。

▼

達人　**この企画は自信があります。部長には絶対ご迷惑をかけませんのでやらせてください。**

上司の中には保身に入り、**自分が責任を取ることを恐れる**あまり、自分で判断をしないタイプもいます。そういう上司に対しては失敗した時の責任を部下が取ることと、失敗する確率が低いのでその提案をしたことを伝えます。そう伝えることによって、上司は判断が楽になります。

◎怖がって判断しない上司には、失敗しない自信を伝えろ

108

企業向けプロコーチの上司を動かす言葉③

感謝をしない上司を上手に操作したい

凡人 部長は私をどう思っているのでしょうか。

▼

達人 部長はいつもねぎらってくださるので、とてもやる気が出ます。

上司の中には部下に対して言葉をかけたり、挨拶をしないタイプがいます。こういうタイプには自分が期待する上司像を「部長はいつもねぎらってくださるので、とてもやる気が出ます」というような**肯定的なフレーズ**にして、上司の潜在意識に刷り込むと、上司は無意識にそういう人になろうと努力するようになります。

◎自分の期待する上司像をイメージして伝えろ

109

部で最も信頼されている社員の切り返し言葉①

どうしても上司からの仕事を受けられない

凡人 他の仕事が忙しいのでできません。

▼

達人 **この仕事を受けられない理由は部長にしかおわかりにならないかと思うのですが……。**

上司をとても頼りにしているということを伝える切り返し言葉です。「○○さんにしか」を強調し、**上司の裁量に身を委ねる**ことによって、上司の自己重要感をくすぐります。心理的にも効果のあるテクニックで、上司である部長を「そうだったな、じゃあしょうがないな」という気分にさせることができます。

◎上司に「そうだったな」と言わせろ

110

部で最も信頼されている社員の切り返し言葉②

帰り際に明日の会議の資料作成を頼まれ断りたい

凡人　今夜は用事があるので、できません。

▼

達人　わかりました、夜はどうしてもはずせない用事があるので、明日の9時までには仕上げておきます。

急に依頼された仕事に対して客観的に事実を伝える切り返し言葉です。急に依頼された仕事に対して、**自分ができる選択肢**を考え、冷静に判断し、それを提案します。用事のある「今夜」を避けながらも、「依頼」はきちんとこなすプランを提案します。それによって上司も満足してあなたの評価は上がることになります。

◎できるプランを示して断れ

111

部で最も信頼されている社員の切り返し言葉③

仕事の量が多すぎて断りたい

凡人 他の仕事が忙しいのでできません。

▼

達人 ○○の仕事があるので、今日はきびしいのですが、明日ならできます。それとも優先順位を変えましょうか。

上司から頼まれた仕事の量が自分のキャパシティを超えてしまうような場合の切り返し言葉です。上司から頼まれた**仕事は受ける姿勢をとるのが基本**ですが、このような場合には、まず具体的に現在自分が行っている仕事の内容を上司に伝えたうえで、自分が対応できる選択肢を上司に提案します。

◎引き受けられない時は優先順位を問え

112 上司に言いにくいことを伝えなければならない

著名コミュニケーション・コンサルタントの前置きフレーズ

凡人　○○という問題が発生しました。

▼

達人　**怒らないで聞いてください。○○という問題が発生しました。**

上司に言いにくいことや悪い知らせを伝える時に便利な前置きフレーズです。悪い知らせの本題に入る前に、「怒らないで聞いてください」と前置きをすることによって、上司に悪い知らせを聞く心の準備をしてもらうことができます。前置きを少し長く取りながら**上司の表情を観察**して、悪い知らせの説明方法を練ることもできます。

◎悪い知らせを伝える時は前置きをしろ

113

著名コミュニケーション・コンサルタントの切り返しフレーズ
上司にとって都合の悪いことをお願いしたい

凡人 なんとか、お願いいたします。

▼

達人 **このようなことをお願いするのは心苦しいのですが……。**

上司にとって都合の悪いことや、不利益を与えてしまうことをお願いする際に使用する前置きフレーズです。大切な上司、目上の人に**言いにくいことを切り出す**時に使います。「このようなことをお願いするのは心苦しいのですが」と前置きを取りながら上司の表情を観察して、言いにくいことの説明の仕方を練ることもできます。

◎自分の心苦しさを伝えろ

114

上司にお願いをする時

著名コミュニケーション・コンサルタントのお願いフレーズ

凡人　○○してくれませんか？

▼

達人　**○○していただくわけにはまいりませんでしょうか？**

上司に対して言いにくいお願いをする時に便利なフレーズです。目上である上司に対してはなかなか「○○してくれませんか」と**ストレートにお願いはしにくいもの**です。そこで「○○していただくわけにはまいりませんでしょうか」という婉曲《えんきょく》なフレーズによって、やわらかく、かつ丁寧にお願いしている印象を上司に与えることができます。

◎お願いは婉曲表現を使え

115

社長の懐刀、できる社員の反論フレーズ①

どうしても上司に反論したい

凡人 この点がおかしいと思うのですが。

▼

達人 **この点がおかしいと〇〇様からご指摘を受けたのですがどのように説明したらよいでしょうか。**

上司に対して直接「おかしい」という指摘をするのは上司を怒らせ、感情的にしてしまうリスクがありますので、**第三者の意見を利用**して、間接的に自分の意見を伝えるのが賢明です。そうすることによって、上司に冷静になって意見を聞いてもらえるようになり、「おかしい」部分も修正される可能性が高くなります。

◎上司への指摘は「身代わりの第三者の意見」を利用しろ

116

社長の懐刀、できる社員の反論フレーズ②

上司の意見に納得できない

凡人 部長の意見はおかしいと感じます。

▼

達人 **部長の意見がおかしいと感じるのは私の知識や理解が足りないからなのでしょうか。**

上司も人間であり、プライドもありますので、明らかに上司の言うことが間違っていたとしても直接的にそのことは上司には伝えません。その代わり、自分の能力不足をたてまえにして、上司の反感を買わないように、**上司の間違いを間接的に指摘**します。あくまでも自分の能力が不足していて理解できないというスタンスで行います。

◎**「自分の能力不足」を理由に指摘をしろ**

117

有名コミュニケーションコーチの対応フレーズ

同僚の意見を否定する上司に反論したい

凡人 課長それは違いますよ、Aさんの考えのほうが正しいですよ。

▼

達人 **なるほど、課長は、そう感じておられるんですね。私はAさんの考えの○○が適切かなと思ったのですがいかがですか?**

たとえ上司の意見が間違っていたとしても、まず、上司の話を**最後まで否定せずに**忍耐強く聞きます。そして、自分の意見と相容れなくとも、いったんはそれを受け入れたことを上司に伝えます。そのうえで、疑問に感じた点を「否定」ではなく「質問」という方法で明らかにすると上司の顔を立てられます。

◎質問形式で気づかせろ

118

企業向け有名コンサルタントの一言

上司に自分の提案は無理だと言われた

凡人　なぜ、無理なんですか？

▼

達人　**なにが障害になりますか？**

上司からの話に疑問を感じた時に確認で使うフレーズです。WHY（なぜ？）は**相手を追い詰めてしまう**言葉のトーンをもっています。あなたが上司の意見に疑問を感じ、それを確認したい時にはWHYはなるべく使わずに、疑問に感じたことは、WHAT（なにが？）で尋ねるほうが、相手にとって追い詰められる感覚が緩和されます。

◎上司の提案は、WHYで追い詰めず、WHATで反論しろ

119

人気者社員の円満フレーズ

貸したものを返してもらいたい

凡人　先週お貸しした資料を返していただけますか？

▼

達人　**先週お貸しした資料を見せていただいても構わないでしょうか？**

上司に一度ものを貸してしまうと、なかなか面と向かってそれを返してくれとは言いにくいものです。そういう時に「○○しても構わないでしょうか？」というフレーズを活用してそのフレーズの○○の部分に「返してください」などの**依頼を埋め込む**ことによって、文書が命令のトーンから相手の行動をうながす誘導のトーンに変わり、上司に対してもやわらかい物言いができるようになります。

◎言いにくいお願いは、「しても構わないでしょうか？」に依頼を埋め込め

第5章

人間関係がうまくいく「断り方」と「謝り方」のフレーズ

人間関係を壊さずに「断り」や「お詫び」をする際のフレーズです。誘いやセールスをきっぱりと断るフレーズ、オファーを辞退する時のフレーズ、次回につなげる断り方のフレーズ、状況に応じたお詫びと関係修復のフレーズなどについて説明します。

120

コミュニケーションスペシャリストが伝授するきっぱりフレーズ

勧誘をきっぱりと断りたい

凡人　考えてはみますが……。

▼

達人　**そういうことは、いっさいお断りさせていただいております。**

気の乗らない依頼などを断るフレーズです。「考えてはみますが」という言葉を使うと、優柔不断な意味をもつために、相手に期待させてしまい、話がふくらみ、厄介な状況になってしまいます。言葉は丁寧でありながらも、「そういうことは、いっさいお断りさせていただいております」ときっぱり断ると後々の面倒がなくなります。**相手にとってもはっきりしていてわかりやすい**フレーズです。

◎断る時は明確な言葉を使え

121

心理セラピストによる相手を傷つけない断りフレーズ

相手を尊重しながらもオファーを断る方法

凡人 お受けいたしかねます。

▼

達人 **結構なお話なのですが、残念ながらお引き受けいたしかねます。**

相手を思いやりながら断るフレーズです。「お受けいたしかねます」は断りの基本フレーズですが、**少しきつい印象を与える表現**ですので「残念ながら」などのフレーズをともに用い、断りの基本フレーズも「お引き受けいたしかねます」と和らげた表現にします。冒頭に「結構なお話」というフレーズを加えることで、相手を尊重する気持ちを伝えることもできます。

◎「結構なお話」で相手への思いやりを示せ

122

コミュニケーション講師の定番フレーズ①

相手との縁を切らずに断りたい

凡人 お断り申し上げます。

▼

達人 **今回は見送らせてください。**

相手との縁を切らずに上手に断るフレーズです。単に「お断り申し上げます」と言ってしまうと、そこで**縁が切れてしまう恐れ**があります。そこで冒頭に「今回は」とつけ加えると、次の機会にはまた可能性があるというニュアンスが相手に伝わり、相手との縁をつなぎとめておくことができます。

◎「今回は」と断って縁をつなげ

123

コミュニケーション講師の定番フレーズ②

人間関係を壊さず、やんわり断りたい

凡人 無理ですのでお断りいたします。

▼

達人 **ご期待に沿えるかどうかは難しいですが、全力は尽くします。**

信頼関係を維持しながら断りたい時のフレーズです。たとえ断りたい内容であっても、保留にすることで上手な断り方を考える時間ができます。そしてそれと同時に、相手に対して**きちんと検討しているという姿勢を示す**こともできるのです。最終的には断られたが検討はしてもらったと相手に思わせることで信頼関係を維持することができます。

◎検討姿勢を示し、関係を維持しろ

124
コミュニケーション講師の定番フレーズ③
やむをえない状況を理解してもらい、断りたい

凡人 難しいのでお断りいたします。

▼

達人 **できることならそうしたいのですが……。**

やむをえず断る状況をわかってもらうフレーズです。相手に断りを告げる前に「できることならばそうしたいのですが」と言うと、自分の本心はそうしたい、でも**状況が断らざるをえない**ということを相手に伝えることができます。人間関係を維持したいという自分の意図と断るという行動を切り離して、相手に理解をしてもらいやすくなります。

◎**「できることなら」を強調して断れ**

125
コミュニケーション講師の定番フレーズ④
誘いや提案の上手な断り方を身につけたい

凡人 すみませんがお断りいたします。
▼
達人 **本当に残念なのですが……。**

相手に不快感を与えずに上手に断るフレーズです。やむをえず相手の誘いや提案を断る時は、「本当に残念なのですが」という言葉で「あなたの気持ちとまったく同じで私もとても残念なのですよ」という**共感の気持ちを伝えます**。相手に不快感を与えたり、傷つけたりすることなく上手に断ることができます。

◎「本当に残念」で相手への共感を示せ

126

大企業のビジネス提携部門のイチオシフレーズ①

検討後に断らざるをえない

凡人　どうも無理そうです。

▼

達人　**よく考えさせていただいたのですが、現実的には難しいようです。**

大企業のビジネス提携部門でよく使われた断りのフレーズです。急いで断る必要のない時にすぐに断ると、とても冷たいイメージを相手に与えます。ビジネス提携では**良好な関係を維持することが大事**ですので、そういう時は時間をかけてよく考えたのだが現実的には難しいと、誠意を伝えることでこちらの印象がぐっとよくなります。

◎「現実的には難しい」で誠意を見せろ

127

大企業のビジネス提携部門のイチオシフレーズ②
時間がないのですぐに断らなければならない

凡人　明らかに無理です。

▼

達人　**お役に立てず残念です。**

相手が回答を急いでいる時に使う断りのフレーズです。はっきりと断りながらも今回の結論とは別に「私はあなたの役に立ちたいと思うのだが」と**個人の誠意を見せる**ことで相手に悪い印象を与えることを避けます。ここでは「役に立ちたい」という個人の意図と「断る」という企業の行動を分離して良好な関係を維持しています。

◎「役に立ちたい」という意思を示しつつ、断れ

128
部品メーカーのトップ営業の鉄板フレーズ①
大手顧客の要望に応えられない

凡人　結局はだめでした。
▼
達人　八方手を尽くしたのですが、期待に沿えず申し訳ありません。

部品メーカーが大手顧客から特殊な商品を要求されたが要望に応じられなかった時のフレーズです。メーカーとしてはあちらこちらを駆け回って、自分たちのできることはすべてやってみたという**努力を相手に伝える**ことによって、こちらの誠意を示します。相手も結果に対して納得しやすくなります。

◎「八方手を尽くした」で自分の努力の痕跡を伝えろ

129

部品メーカーのトップ営業の鉄板フレーズ②

スケジュールが原因で断りたい

凡人 スケジュールが無理でした。

▼

達人 **なんとか都合をつけようと調整したのですが、スケジュールの折り合いがつきませんでした。**

部品メーカーが大手顧客から大量で短納期の商品を要求された時に、他の条件は問題なかったのですが、スケジュールだけが折り合いがつかずに断った時のフレーズです。なんとかスケジュールの折り合いをつけるために**一生懸命に調整をした**という努力や誠意を見せて信頼関係を維持しようとしています。

◎折り合いがつかないポイントを明確にしろ

130 余計なお世話を上手に断りたい

IR担当がアナリストから余計なことを突っ込まれた時の言葉

凡人 本題と関係ありませんのでお答えできかねます。

▼

達人 **ありがとうございます。なにかあったらすぐご連絡します。**

度が過ぎた相手のおせっかいに対して使う便利なフレーズです。時には本質とは関係ない余計なことを根ほり葉ほり聞かれることがあります。相手に余計なことで踏み込まれた時は「なにかあったらご連絡します」という言葉で防ぎながらも、相手の**親切心をしっかりと受け入れる**ことで相手との人間関係を維持します。

◎「なにかあったら」で抽象化してやり過ごせ

131
ＩＴ企業のセールスヘッドのイチオシフレーズ
「期待していたのに残念だな」に切り返したい

凡人 申し訳ございません。

▼

達人 **申し訳ございません、その代わりに○○を提案させてください。**

ＩＴ企業のセールスヘッドの顧客の期待に応じられなかった時のフレーズです。相手の期待を裏切ってしまった時には「申し訳ございません」と謝罪したあとに代案を出すことで**裏切った期待の埋め合わせ**をすることが大切です。相手に迷惑をかけたり、信頼を失いそうな傷口をなるべく広げないようにします。また、時としては代案が新たなビジネスにつながることもあります。

◎裏切った相手の期待を代案で埋め合わせろ

132

コールセンターのスーパーバイザーの定番フレーズ

クレームに対するお詫びの一言

凡人　すみませんでした。

▼

達人　**今回はこのようなことになり、誠に申し訳ありませんでした。**

コールセンターで使われている言葉の組み合わせによるお詫びのフレーズの作り方の例です。まず、お詫びのフレーズの**冒頭に謝罪する事柄**を入れます。具体的な事柄がない場合は「今回はこのようなことになり」を入れ、その後に定番フレーズ「ご迷惑をおかけした」か「申し訳ない」を使います。

◎事実を述べてからお詫びしろ

133

実績のあるサポートセンターの第一声のフレーズ
クレームの電話に対する第一声

凡人 問題の内容はなんでしょうか？

▼

達人 **お客様をご不快な思いにしてしまいましたこと深くお詫び申し上げます。**

実績のあるサポートセンターの現場での第一声のフレーズです。怒っているお客様に対しては、クレームの内容ではなく**不快にしてしまったことに対して謝罪**します。そうすると、お客様は「自分の怒りや不安を受け入れてくれた」と感じ、ほとんどの怒りはおさまるものです。

◎相手の気持ちに対してお詫びしろ

134

実績のあるサービスセンターのおうかがいフレーズ

クレームの内容の確認をしたい

凡人　すみません、ひとつおうかがいしたいのですが……。

▼

達人　**お電話をいただきましてありがとうございます。誠意をもって対応させていただきます。そこでひとつおうかがいしたいのですが。**

なにかお願いしようとする時はワンクッションおくと**押しつけ感がなくなります。**「お電話をいただきまして」と最初にお礼を言ったあと、「誠意をもって」とクッション言葉を入れてから、「ひとつ、おうかがいしたいのですが」とつなげると自然にお客様の状況をヒアリングする準備が整います。

◎ワンクッションおいて状況を聞け

135

一流メディアトレーナーの定番フレーズ

公式な場で陳謝しなければならない

凡人　陳謝します。

▼

達人　**○○の事情で多大なご迷惑をおかけしたこと陳謝いたします。**

公式な場でお詫びをする時に「陳謝」という言葉を正しく使うフレーズです。陳謝とは事情を述べて詫びることです。「○○の事情で多大なご迷惑をおかけしたこと」など事情を述べる時に使用します。事情を述べない場合は「陳謝いたします」というフレーズは使わずに「**謝罪いたします**」などを使います。

◎公式な場では、事情を話して陳謝せよ

136

一流営業マンの鉄板フレーズ

注意されたあとに前向きの対応を伝えたい

凡人　申し訳ありませんでした。

▼

達人　**ご忠告いただき、ありがとうございました。肝に銘じておきます。**

注意されたり叱られたりした時に少し前向きの対応を伝えたい場合のフレーズです。注意に対して謝るだけでは萎縮した印象を与えてしまいます。前向きに「忠告への」感謝と「肝に銘じることでの」反省を同時にあらわすことで**ポジティブな印象**を相手に与えることができます。

◎忠告への感謝と反省を盛り込め

137

クレーム対応のプロの相手を立てるフレーズ①

失敗をして謝る必要がある時

凡人　ご迷惑をおかけしました。

▼

達人　**気合いが入りすぎてしまい、申し訳ありません。**

失敗してしまった時、主に上司の怒りを和らげるフレーズです。上司の立場からすると、やる気があって失敗した場合、それを責めにくいものです。その心理をついて、「気合いが入りすぎた」と弁解することで、上司から「仕方ないな」という言葉を引き出します。単に「申し訳ありません」や「ご迷惑をおかけしました」だけでは誠意が伝わらず、**相手の怒りが鎮まらない**可能性があります。

◎やる気を示して、怒りを回避しろ

138

クレーム対応のプロの相手を立てるフレーズ②

相手のクレームが正当な時

凡人 はいそうです。

▼

達人 **ご指摘のとおりです。**

大企業のクレーム対応専門部署が訴訟リスクがないと判断した場合で、こちらが明らかに間違っている時に、こちらの間違いをすんなりと認めて**シンプルに謝るフレーズ**です。ビジネスにおいて相手の主張が正しく、こちらのつけいる隙のない時にも使うフレーズです。

◎「間違い」を認めて、シンプルに謝れ

139
クレーム対応のプロの相手を立てるフレーズ③
謝罪を締める一言

凡人　失礼いたします。
▼
達人　**以後十分気をつけます。**

大企業のクレーム対応部署の謝罪の締めくくりフレーズです。相手に謝罪する際の順序はまず、相手からの非難やお叱りをよく聞きます。そのあとで、**自分の非を認め、謝罪の言葉を述べます。**そして最後にこの「以後十分気をつけます」という言葉で締めくくります。

◎謝罪の締めくくりは、未来への教訓を示せ

140
コミュニケーション講師のお勧めのフレーズ
相手を言い負かしたが後味が悪い時の一言

凡人 正論だったのだけど。
▼
達人 **感情的になり言いすぎました、申し訳ございません。**

つい感情的になってしまい、相手を言い負かしたいと思い、感情のコントロールができずに言いすぎてしまったという経験をした人も多いと思います。そういう時は少し冷静になって、間をおかずにこのフレーズで謝罪することで**人間関係を修復**することができます。

◎「感情的」を理由に謝罪せよ

第6章

できる大人の魅力を見せる言いまわし

お祝い、お見舞い、葬儀での大人のフレーズ。相手の世界を尊重して上手にほめるフレーズ、うまくいかない時に元気を与えるフレーズ、さりげなく尊敬を集めるスマートなフレーズ、家族や恋人との距離が一気に縮まるフレーズなどを紹介します。

141

結婚式場スタッフが勧める大人フレーズ

結婚式で気のきいた一言が言いたい

凡人　本日はお招きいただき、ありがとうございます。

▼

達人　**盛大なお式で、お喜び申し上げます。**

結婚式では**意外と気のきいた言葉が出てこないもの**です。「おめでとうございます」に「本日はお招きいただき、ありがとうございます」をつけるのは結婚式での普通のお祝いのフレーズです。これにさらに「盛大なお式で、お喜び申し上げます」をつけ加えるとぐっと気のきいた大人の言いまわしが完成します。

◎**「盛大」や「お喜び」で気をきかせろ**

142

イベント運営のプロが勧める大人フレーズ

大きなパーティーで主催者への一言

凡人 おめでとうございます。

▼

達人 **お人柄ですね。大変な人数がお集まりのご様子で。**

特定の人を祝う、大勢の人が集まるパーティーで使える便利なフレーズです。「お人柄ですね」とちょっと大人目線で、「大変な人数がお集まりのご様子で」と主催者を尊重して敬意を示すことで主催者側の気持ちがよくなります。**主催者側の立場を配慮した**気のきいたフレーズです。

◎「お人柄」と「盛況」で、主催者をほめろ

143

人徳で出世したメーカー役員の大人フレーズ

仕事で関係のある人をお見舞いした時

凡人　がんばってください。

▼

達人　お仕事が気になることとは思いますが、どうぞゆっくりご静養してください。

病院へお見舞いに行った際に病人にどんな言葉をかけていいかわからなくなる人も多いかと思います。病人に「がんばって」と声をかけると逆にプレッシャーになってしまいます。たとえ仕事に影響があっても、「ここは我々に任せて」と**病人が療養に専念できる**ように声をかけるのが大人の心配りです。

◎療養に専念できるように声をかけろ

144

人気マナー講師の心にしみるフレーズ

お葬式で遺族に言葉をかける時

凡人　ご愁傷さまです。

▼

達人　ご愁傷さまです。お力落としのないよう、お体にお気をつけください。

お葬式では身内を失った親族の**悲しみに寄り添う**ようにして思いやりのある言葉をかけることが大切です。「ご愁傷さまです」は葬儀での基本フレーズです。そして基本フレーズのあとに「お力落としのないよう」、さらには「お体にお気をつけくださ い」とつけ加えていくと、だんだんと相手の心にしみるありがたい大人のフレーズになっていきます。

◎親族の悲しみに寄り添った言葉をかけろ

145

人気コンサルタントのお店をほめる大人フレーズ

接待に招待された時

凡人 ここには私も以前来たことがあります。

▼

達人 さすが○○さん、雰囲気のいいお店ですね。こんなおいしい○○は初めてです。

相手から接待を受けて招待されたお店でのフレーズです。物事にこだわりがある相手であることがわかっていれば、謙虚に相手をほめ、こだわりの一品が出た時にもきちんとそれを評価してほめる**大人の余裕**も必要です。たとえ以前来た店であっても、接待していただいたホストを立てるのが接待される側の流儀です。

◎接待を受けたら、「相手」「お店」「料理」をほめろ

146

モテモテ役員の大人フレーズ

気配りをしてもらった時のお礼の言葉

凡人 ○○さんは気がきくね。

▼

達人 **○○さん、かゆいところに手が届くとはこのことだね。**

私の以前勤務していた会社に周囲の人をほめることに長けている人気者の役員がいました。たとえば「よく気のまわる相手」をほめる時は「細かいところまで気がつき、配慮が行き届いている」ことを「かゆいところに手が届く」と**比喩的にほめる**のです。

このように比喩を使って相手をほめるのも大人の言いまわしのテクニックです。

◎比喩を使って相手をほめろ

147

もてもて部長の大人フレーズ

前向きに仕事をおぼえる人へ言葉をかける時

凡人　○○さんは察しがいいね。

▼

達人　**○○さん、一を聞いて十を知るとはこのことだね。**

相手をほめる時に比喩を使うのもひとつのやり方ですが、格言や寓話を使うのもちょっとおしゃれです。比喩を使って相手をほめる役員の評判があまりにもよかったためその部下の部長が格言を使って相手をほめはじめました。たとえば勘のいい相手をほめる時は「一部を聞いただけで全部を理解するほど、察しのいい」ことを「一を聞いて十を知る」と**格言的に表現**してみるのも大人らしい言いまわしです。

◎格言や寓話でほめ、大人らしさを表現しろ

148

著名なメンタルトレーナーのほめ言葉①

重箱の隅をつつくような細かい人に対して

凡人 細かい人です。

▼

達人 **とても几帳面な方です。**

物事を綿密に進めていく「細かい人」をほめる言葉です。「細かい人」の世界観を尊重し、よいフレーズを見つけます。「細かい人」というと気難しく、神経質というイメージがありますが、「几帳面な方」といえば、**正確に順序よく物事を進める**というよいイメージになります。また「細かい人」は「厳密に」「詳細に」「正確に」といった言葉が大好きなので、本人をほめる時にこれらの言葉を入れると喜ばれます。

◎几帳面と言い換えて、大人の度量を示せ

149

著名なメンタルトレーナーのほめ言葉②

マニアックな人から話を聞く時

凡人 鉄道マニアだから、話を聞かせてほしい。

▼

達人 **鉄道に精通しているから、話を聞かせてほしい。**

心理学の基本的な考え方で、似ている人々は互いに好意をもち、似ていない人々は互いに好意をもたないというものがあります。マニア、オタク的な資質をもつ人は、同じ価値観を共有するグループでは話題は盛り上がりますが、そうでない人とは盛り上がらない傾向にあります。このグループに属さない人は「精通する」として彼らを尊敬することで、**互いの距離を縮めます。**

◎「精通している」ことをほめろ

150

家電メーカーの重役のあたたかい言葉

競合に負けて落ち込む仲間へ一言

凡人 残念だけど気を落とさずにね。

▼

達人 人生なんて常にプラスマイナスだ。

小さな枠の中でくよくよしている人に対して、もっと大きな枠の中で大局的に物事を考えることの大切さを教えるフレーズです。**マイナスがあるからこそプラスがある**と考えれば、立ち直りも早くなります。失敗ばかりでも、これだけ失敗が続いているのだから次はきっと成功するという思考はモチベーションを上げるのに役立ちます。

◎大枠で物事を考える言葉をかけろ

151
某通信会社のカリスマ経営者の名言
失敗が続いているチームを元気づける

凡人 リスクはあるがチャレンジしてみよう。
▼
達人 **うまくいかなくてもやったことは、全部将来の自分にとってプラスになるよ。**

カリスマ経営者の言葉です。創業当初は失敗した事業もありました。しかし、たくさんの経験を積んでいくことでビジネスへの**洞察力が高まっていく**と同時に、経験の数が多ければ多いだけ成功の確率が高くなっていきました。このフレーズはそんな経験を伝える言葉です。

◎どんな経験も将来にプラスになることを示せ

152

某自動車メーカーの創業者の名言

大失敗をやらかした友達を元気づける

凡人 失敗したからといってそんなに落ち込まないでね。

▼

達人 **失敗したとしてもそれは成長につながる。失敗のない人なんて本当に気の毒に思うよ。**

失敗から学べることはたくさんありますが、重要なのは**同じミスを繰り返さないこと**です。失敗してもそれを楽しむことが大切です。そしてそれを成長の糧にすればきっとすぐに失敗の状態を切り替えて新しい仕事に励めます。このフレーズはその大切さを伝えるものです。

◎失敗を成長の糧にする言葉をかけろ

153

某家電メーカーの創業者の名言

失敗をして落ち込んでいる人に対して

凡人 あきらめないでね。

▼

達人 **失敗したところでやめるから失敗になる。成功するまで続けたら、それは成功になる。**

たとえうまくいかないことがあってもあきらめずに粘り続けると道が開け、それはもはや失敗ではなくなっています。米国の心理学の世界でも「人は成功するために必要な資質（リソース）をすべてもっている」とされます。**失敗した人に対しては成功する未来**を見せてあげましょう。

◎成功まで続ければ失敗はない

154

家電メーカーの重役の余裕の言葉

人間関係がうまくいかないと打ち明けられた

凡人　人間関係は大変ですね。

▼

達人　**会社から「気の合わない人間とも付き合う機会」を提供してもらっていると思えば、前向きになれる。**

家電メーカーの重役がぽろっともらした言葉です。この重役が苦手な人物と話す時は、むしろ会社から与えられたチャンスだととらえて対応するそうです。「会社からお給料をもらいながら人間関係の勉強もさせてもらってる」というサラリーマンならではの**ポジティブな発想の転換**です。

◎給料と結びつけて苦難をプラスに表現しろ

155

人気カウンセラーの楽しく生きるアドバイス

仕事がつまらないと相談された

凡人　仕事がつまらないのですね。

▼

達人　**小さな積み重ねこそが人生。**

人気カウンセラーの前向きに生きる勇気をくれる言葉です。仕事が生きがいほどでなくとも、何事も積み重ねがあって成長していくものです。仕事がつまらないとか、失敗したからといって落ち込み過ぎ、そこで**立ち止まってしまっては成長の妨げになる**し、なによりも本人が楽しめなくなります。

◎積み重ねがあって成長があることを伝えろ

156

人間関係をよくするコミュニケーション講師の言葉①

割り勘で立て替えたお金を返してほしい

凡人 この前、立て替えたお金、返してくれないかな。

▼

達人 **そうそう、それで思い出したんだけど……。**

お金を返してもらうためのコミュニケーションのテクニックです。いきなり「貸した金返せ」というと「金にうるさいやつだな」という印象を与えます。話の流れで「そうそう、それで思い出したんだけど」と、「**ついでだから**」というニュアンスを出すと、相手はあまり嫌な気がしませんので本人も話しやすくなります。

◎なにかのついでのふりをして聞け

157

人間関係をよくするコミュニケーション講師の言葉②

食べ方の汚い相手にやんわりと指摘したい

凡人 食べ方、汚いの直してくれないかな。

▼

達人 **そういえば、ひとついいかな……。**

自然に相手に気づきを与えるコミュニケーションのテクニックです。恋人同士で、ちょっと直してほしいことがある時の思わぬ指摘の一言が相手の心を傷つけてしまうこともよくあります。このフレーズで指摘をすれば、相手に**自然に気づきを与える**ことができ、相手にとってもショックを和らげる効果があります。

◎「そういえばひとついいかな」で相手に気づかせろ

158

著名な心理カウンセラーの思いやりの指摘①

不真面目な態度を注意したい

凡人 不真面目な態度はよくないよ。

▼

達人 **あなたが心配だからあえて言うんだけど……。**

不真面目な態度は本人も自覚があるので、そこをストレートに注意すると反抗します。しかしこのフレーズを使って「あなたが心配だからあえて言うんだけど……」のあとに「不真面目な態度を直してほしい」とお願いすると**相手を思う親身な気持ち**が伝わって、相手は自分を心配してくれる人に対して反抗したり、裏切ったりすることができなくなります。

◎相手を思う親身な気持ちを伝えてから指摘しろ

159

著名な心理カウンセラーの思いやりの指摘②

相手の気持ちがわかるから指摘しづらい

凡人　これをやってはダメだよ。

▼

達人　**○○さんの立場がわかるからこそ言うのですが……。**

相手にやさしく指摘をしたい場合、相手への共感の気持ちを伝えたうえで指摘すると、やさしさが伝わり、反感が起こりにくくなります。また、「信頼しているからこそ指摘した……」のフレーズをつけ加えることで、**指摘の中に気づかいを感じさせる**ことができ、きびしい指摘もしやすくなります。

◎相手に共感を示してから指摘しろ

160

著名な心理カウンセラーの思いやりの指摘③

短気な人が怒りだした時

凡人　いや、でも……ちゃんとやったんだけど……。

▼

達人　**お腹へってイライラしてない？　ほら、もう怒り出した！**

怒りやすい人はプライドを守り、自分の利益しか目に入らず、**自分の感情をコントロールできない**ため、周りに当たり散らします。こういう人には、急に怒りださないように前もって一言、牽制しておくと効果的です。牽制に対して怒りかけた場合、「ほら、もう怒り出した！」と突っ込み、自覚させてあげるのが効果的です。

◎切れやすい人は前もって一言牽制しろ

第7章

会議を完璧に仕切る達人フレーズ

会議に関係したフレーズ集です。内容は会議をはじめる時に使うフレーズ、会議中の進行に便利なフレーズ、会議をまとめに導くためのフレーズ、会議を気持ちよく終わらせるためのフレーズにより構成されています。

161

大企業で会議進行歴15年の社員の鉄板フレーズ①

進行役として会議をはじめる時の一言

凡人 そろそろはじめさせていただきます。

▼

達人 **定刻になりましたので、予定どおり開始いたします。**

会議の進行役として会議を開始する場合、「定刻」「予定どおり」というキーワードを冒頭のフレーズにしっかり入れ、**キッチリとメリハリのある声のトーン**で進行を開始します。進行役がスケジュールどおりにきっちりと会議を進行するという緊張感が出席者に伝わります。

◎緊張感を演出する言葉で開始しろ

162

大企業で会議進行歴15年の社員の鉄板フレーズ②

進行役としての会議冒頭の言葉

凡人 それではよろしくお願いいたします。

▼

達人 **お忙しいなかお集まりいただきありがとうございます。**

会議の冒頭でのフレーズです。忙しいなか、集まっていただいた出席者に対して感謝の気持ちをきちんと伝えることで、出席者とのよい関係を作ることができ、その後の進行もスムーズになります。さらに**正式な会議のイメージ**を参加者に与えることができ、会議の雰囲気が引き締まります。

◎参加者に感謝を伝えて、雰囲気を作れ

163

有名コーディネーターの会議の目的を明確にする言葉

会議の目的を意識させる一言

凡人 最初の○○についてはじめさせていただきます。

▼

達人 **今日の会議のゴールは○○ですが、よろしいでしょうか？**

会議のゴールについて、最初に参加者の意識をひとつにまとめるフレーズです。会議のゴールを参加者全員と確認してから議論に入ることは**会議を円滑に進行させる**うえで必要不可欠です。会議のゴールの合意が取れないと会議を行う意味がありませんので、万が一合意が取れない場合は会議のゴールについての抽象度を上げながら参加者全員の合意を取りつける必要があります。

◎会議のゴールを共通認識にする言葉をかけろ

164

カリスマ・コミュニケーターの言葉のキャッチボール

次のテーマに入る時の一言

凡人　次の議題に進みます。

▼

達人　**次の議題に進みますが、みなさん、よろしいですか？**

会議の参加者と双方向のコミュニケーションを取りながら会議を進行させるフレーズです。進行役が一方的に会議を主導するのではなく、その場その場で**参加者の意見を確認しながら会議を進める**ことによって、参加者との一体感ができます。さらに議論が脱線することを回避することができるのと同時に、進行役と参加者の間の信頼関係も築くことができます。

◎その場で意見を確認して、議論の脱線を回避せよ

165

有名ファシリテーターの発言する人を増やす言葉

決まった人しか発言しないと感じた時

凡人　○○さん、ご意見お願いします。

▼

達人　**他の参加者のご意見もうかがいたいと思います。ご意見のある方は挙手をお願いします。**

進行役が会議で決まった人しか発言しないと感じた時に使うフレーズです。凡人のように、もし進行役が○○さんを名指しした時、そして○○さんは発言の少ない人で黙りこんでしまった場合、会議の進行に支障をきたします。そこで、達人のように意見を述べたい参加者に手を挙げてもらい**発言の活性化**をするのが定石です。

◎困った時は挙手をうながせ

166

ベテランファシリテーターの鉄板フレーズ①

たくさんのアイデアを導き出したい

凡人 ご意見のある方、お願いいたします。

▼

達人 **○○についてはどうしたらよいと思いますか？**

ベテランファシリテーターがよく使うこのフレーズは会議のメンバーからたくさんのアイデアや情報を引き出したい時に有効です。また、会議のメンバーに考えさせたい時、メンバーの**参加意識を高めたい時などに使うと便利**です。進行役は情報を引き出したいテーマと、想定される意見やそのまとめ方などをあらかじめシミュレーションしておくと、その場で議論を整理しやすくなります。

◎問いかけて意見を引き出し、参加意識を高めろ

167

ベテランファシリテーターの鉄板フレーズ②

会議で発言しやすい雰囲気を作りたい

凡人　テーマについてご意見はありますか？

▼

達人　**このテーマについて他にどんな代替案があるでしょうか？**

議論のテーマについて代替案を求めるこのフレーズは、参加者同士でもっと打ち解けた発言をしやすい雰囲気を作りたい時、テーマについていろいろな角度から情報収集したい時に用います。事前に配る会議のアジェンダなどと一緒に、議論のテーマについて代替案をあらかじめ**参加者に検討してもらっておく**と、短時間で議論もできて進行もスムーズになります。

◎代替案を求めることで、発言しやすい雰囲気を作れ

168

ベテランファシリテーターの鉄板フレーズ③

議論をもっと掘り下げたい

凡人 詳細をお話しください。

▼

達人 どうしてそうなったのですか、具体例などありますか。

「掘り下げ」フレーズは発言者に話を続けさせ、もっと深く考えさせ、もっと情報を引き出したい時に使います。これにより、見逃されていた情報が発見されたり、発言者の意図がわかり他のメンバーの理解が深まります。**「掘り下げ質問」**によってテーマがどんどん具体化していくので、導入方法や導入効果などの具体的なイメージがわいてきます。

◎掘り下げ質問を続け、理解を深めろ

169

ベテラン司会者の客観的にくぎを刺す大人フレーズ

議論が発散してしまい、まとまらない

凡人 それは本日の議題ではありません。

▼

達人 **時間がありませんのでその議論は別の機会にさせていただければと存じます。**

議論が発散してしまった時に、司会者が発言者に対して「それは本日の議題ではありません」と主観的に言ってしまうと発言者が感情的になります。司会者としてふさわしい「時間がありませんのでその議論は別の機会にさせていただければと存じます」といった**客観的なフレーズ**を使い、議論の発散を回避します。

◎議論が発散しそうな時は時間を理由に回避せよ

170

有名ビジネススクールのファシリテーターのフレーズ

議論が脱線してしまった

凡人　ご意見のある方はいますか？

▼

達人　**おもしろいお話ですが本題に戻しますすと。**

議論が脱線した時に、司会者が脱線の張本人である発言者をまともに相手にするとますますゴールが見えなくなることがあります。そういう時は**相手を立てて**、「おもしろいお話ですが本題に戻しますすと」などと言って、司会者としてさらりとかわすことも必要となります。

◎議論が脱線した時は相手を立ててさらりとかわせ

171

番組進行アナの気づかいのフレーズ

発言が長い出席者をなんとかしたい

凡人 手短かにお願いします。

▼

達人 **ご発言中ですが要約させていただきますと。**

長い話をする発言者に対しては「手短かにお願いします」などと司会者が言ってしまうと発言者が感情的になり、余計な時間を使ってしまう恐れがあるため、司会者が「ご発言中ですが要約させていただきますと」などと言って、**話を要約して効率よく会議を進行させる**必要があります。

◎話の長い発言者は、代わりに要約しろ

172
番組進行アナの決めフレーズ

前置きが長く、論点が見えない発言に対して

凡人　演説をやめていただけませんか?

▼

達人　**お話の途中ですが、あと10分で結論を出す予定ですので、ポイントをお願いします。**

前置きが長く、論点がいっこうに見えてこないため要約すらもできない演説ならば、発言者に対して客観的に「お話の途中ですが、あと10分で結論を出す予定ですので、ポイントをお願いします」などと**会議の時間を引き合いに出しながら**発言に介入していきます。

◎進行を引き合いに結論をうながせ

173

プロ進行役の相手に気づきを与えるフレーズ

発言が議題からずれていくのを修正したい

凡人　話が暴走しているので軌道修正してください。

▼

達人　今の話と会議のゴールとの関係について説明していただけますか？

発言者が議題からどんどんずれていく場合には司会者が「いまのお話と会議のゴールとの関係について、ご説明いただけますか？」などと介入することで、発言者に話が**暴走していたことを気づかせ**て、軌道修正をうながします。司会者が「話が議題からずれていますので軌道修正してください」と言ったとしても、発言者はその「ずれ」に気づいていないため、感情的になり進行に支障をきたすリスクがあります。

◎発言と会議のゴールを関係づけて、ずれを修正しろ

174

イベントファシリテーターのサポートフレーズ

質問と回答がかみ合っていないと感じた時

凡人 それではご回答をお願いいたします。

▼

達人 **○○という趣旨の質問ですがそれについていかがですか?**

質問者と回答者の論点がずれていると感じたら質問者からの質問の内容をまとめ、回答者に対して、「○○という質問なのですがそれについてはいかがお考えでしょうか?」というように確認します。進行役が質問者に対して「**今の質問内容でよろしかったでしょうか?**」と確認することで質問者と回答者の論点のずれを軌道修正していきます。

◎噛み合わないやりとりは、内容をまとめ、仲介しろ

175

カスタマーセンターの実力スーパーバイザーの一言

参加者への非難に対処をしたい

凡人 個人的な非難はせずに会議を前に進めましょう。

▼

達人 **具体的な状況をお話しいただけますか？**

特定の参加者への非難がはじまった時は「具体的な状況をお話しいただけますか？」と冷静にその**非難の根拠や具体的な事実を確認**します。事実関係があいまいであれば、事実関係をもっと調べてから議論すべきと対処します。「個人的な非難はしないでください」などといった主観的かつ感情的なコメントはNGです。あくまでも客観的かつ冷静に対処します。

◎**個人への非難は事実をおさえ、冷静に対応しろ**

176

プロの司会が使う鉄板フレーズ

非難が議題とは関係ないと思った時

凡人 非難の理由はなんでしょうか？

▼

達人 **議題に集中したいと思いますので、○○は別の場で議論することでいかがでしょうか？**

参加者への非難に対処をする場合、たとえ非難の根拠や具体的な事実が明らかであっても、議題との関係性が低い場合は、**議論が脱線してしまうことを避けましょう。**
そのために、別の機会で議論することを提案し、議論を本題に戻すことが最もよい対処方法です。

◎議題と関係なければ、別の場で議論させろ

177

会議進行の達人の論点を明確にするフレーズ

会議の中間でポイントを整理したい

凡人 みなさんのご意見をもう一度まとめてお願いいたします。

▼

達人 **いまの議論をまとめると、3つの論点があるということでよろしいですか？**

会議の中間で議論が収束に向かいつつあるタイミングで、意見をまとめる際に便利なフレーズです。進行役が3〜5つぐらいに**論点を大きくまとめる**と参加者の合意も取りやすくなります。一方、参加者に「みなさんのご意見をもう一度まとめてお願いできますか？」と聞いてしまうと会議の収拾がつかなくなってしまいます。

◎論点は3つのポイントでまとめろ

178

手掛けた会議は500以上の名司会者のフレーズ

議論が収束しそうもない時

凡人 意見が発散してしまいましたね。

▼

達人 **ここまでのみなさんのご意見を整理しておきましょう。**

会議の本題を把握して、常に本題と議論のかい離を意識することが進行役には必要です。突飛な発言が出てもそれに**引っ張られずに場を仕切る**ことが要求されます。たとえ意見が発散してしまっても「ここまでのみなさんのご意見を整理しておきましょう」といったフレーズを使ってきっちりと本題に戻します。

◎会議の中間で意見を整理しろ

日本有数の経営者の大人の「おまじない」フレーズ

179 問題が複雑で会議が行き詰まってしまった

凡人 細部にわたってもう一度整理してみましょう。

▼

達人 **あれこれ考えるな。「そんなの簡単だ」とつぶやいてみよう。**

日本有数の経営者の言葉です。複雑な問題について考えようとすると、**考えるほど細部にとらわれてしまい**やすくなります。そういう時はあれこれ考えずに「そんなの簡単だ」と口に出すことによって、複雑なはずの問題を大きな枠でとらえることができます。

◎複雑な問題は掘り下げず、大枠をつかめ

180

有名心理学者の合意形成のためのとっておきフレーズ

手段に関する議論が行き詰まった

凡人 どの手段を選ぶかどうやって決めますか？

▼

達人 **問題はどの手段を使うにせよ、目的を達成することです。**

会議において行き詰まりやすいのは、手段の議論に終始するあまり、本来の目的を忘れてしまう時です。手段のよしあしで会議が行き詰まり、雰囲気が重くなってきたら、もう一度参加者の共通の目的を確認すると、参加者の視点が変わって、**割り切った手段の合意**ができることがあります。

◎行き詰まった時は共通目的を確認せよ

181
進行役のプロのさらりとかわす大人フレーズ
会議の席で嫌味を言われた時

凡人 そんなことはありません。それについては○○です。

▼

達人 正直な、裏のないお言葉を頂戴いたしました。

会議の席で参加者から嫌味を言われた時に対応する進行役の便利なフレーズです。進行役はムキになって**言い返してはいけません。**大人目線で、会議の進行に影響を及ぼさないように、「正直な、裏のないお言葉を頂戴いたしました」と言って、さらりと受け流しましょう。

◎会議で嫌味を言われてもさらりと流せ

182

名進行役の10年間のノウハウをまとめたきっかけの言葉

会議で議論をまとめに入る時の一言

凡人 ○○さんはこうお考えで、△△さんはああお考えですね。

▼

達人 **ほぼ意見も出尽くしたようですのでこれから本日のまとめに入りたいと思います。**

議論をまとめるために進行役がタイミングを見極めて総括に導く時のフレーズです。
いつまでも議論を続けていても非効率なので、**進行役はある程度の割り切りをして**「ほぼ意見も出尽くしたようですのでこれから本日のまとめに入りたいと思います」と言って総括に入ります。

◎「**まとめに入る**」を宣言して、議論の収束に向かえ

183

交渉の達人のマッサージフレーズ

頑固な人がいて会議がまとまらない

凡人 本当に頑固ですね。

▼

達人 **意志の固さには感服させられます。**

頑固な参加者が自分の発言で一歩も引かない時、進行役が「本当に頑固ですね」と言ってしまうとさらに意固地になるリスクがあります。そこで頑固な参加者に向かって「意志の固さには感服させられます」と言えば気分がよくなり、**態度が軟化**することもあります。そして進行役は会議をまとめていきます。

◎意志が固いとほめて軟化させろ

184

実力派プロジェクトマネージャーの結論を明確にする言葉

会議の終盤でポイントをまとめる

凡人 これで終了します。議事録は後日お送りいたします。

▼

達人 **それでは、会議を終了するにあたり、今日のポイントを再確認します。**

会議を終了する前に会議の参加者全員と会議のポイントを確認することにより、参加者各々の**認識の差による誤解や問題が生じるのを防ぐ**ことができます。さらに、確認された会議のポイントを議事録等に明確に記載することもできるなど複数のメリットがあります。

◎会議の最後は参加者とポイントを確認しろ

185

有名心理カウンセラーのいい会議だったと印象づける言葉①

いい会議だったと印象づけたい

凡人 これで会議を終了します。

▼

達人 **ずいぶん作業も進み、現実的な解決にかなり近づきました。**

有名心理カウンセラーによれば、いい会議だったと印象づける言葉は出席者のタイプによって異なります。冷静で物静かな出席者にとっては「全体的な作業進捗」や「現実的な解決」といったような**客観的で非個人的な判断や評価**が心に響きます。そしてこの言葉を伝えることで、会議の結果に満足し、次回へのやる気につながります。

◎冷静タイプには客観的な成果を示して会議を締める

186

有名心理カウンセラーのいい会議だったと印象づける言葉②

感情的で表現力豊かな出席者に熱意を伝えたい

凡人 お疲れさまでした。

▼

達人 **すばらしい仕事ぶりでした。とても感激しました。**

前述のように有名心理カウンセラーによればいい会議だったと印象づける言葉は出席者のタイプによって異なります。感情的で表現力豊かな出席者にとっては「すばらしい仕事」や「感謝する」といったような**主観的で個人的な判断や評価**が心に響きます。この言葉を伝えることで、次回へのやる気につながります。

◎感情タイプには主観的な表現で会議を締めろ

187

有名心理カウンセラーのいい会議だったと印象づける言葉③

気持ちよく会議を終わらせる一言

凡人 ありがとうございました。

▼

達人 **いろいろすばらしいご意見をいただき、中身の濃い打ち合わせができました。**

会議の最後に司会者が出席者の労をねぎらい、感謝の意をあらわす時に使うフレーズです。有名心理カウンセラーによればこのフレーズによりどんなタイプの出席者でも「**終わりよければすべてよし**」でいい会議だったという印象をもったため、会議の結果に満足します。

◎「**貴重なご意見**」を強調して、会議を締めろ

おわりに

『怒らないで聞いてください』をお読みになっていかがだったでしょうか。「あっ、そうそう、それってありだよね！」という楽しい気づきはどのくらいあったでしょうか。

第1章から第7章までに紹介した「鉄板フレーズ」に加えて、あなたのコミュニケーション力をさらに磨くために、ここでは5つのポイントについて述べます。

●ポイント1　最初は会話のテンポなどを相手に合わせながら徐々にリードする

相手の表情、まばたき、呼吸、姿勢などの仕草や声のトーン、テンポ、ボリューム、言葉の長さ、単語の種類、擬音語などにさり気なく自分も合わせます。時には相手の話した内容のオウム返しをします。心理学では似ている人々は互いに好意をもち、似ていない人々は互いに好意をもたないという基本的な考え方があるのですが、これを自然に行うことが必要です。そして相手が批判することなく提案を受け入れる状態を作り出します。

●ポイント2　否定的な表現は肯定的な表現にできるかぎり置き換える

人は常に肯定的（ポジティブ）な思考でいれば、より充実した人生を送れるものです。また、肯定的な心理状態であるだけで、自分の能力を十分に発揮できるということもあります。そして、肯定的な思考をする人物は多くの人に好かれ、受け入れられやすいので、困難な場面でも周りから助けてもらえることが多いのです。本書の中でも否定的（ネガティブ）な表現を肯定的な表現に置き換えて部下のやる気を出すフレーズをいくつか紹介しましたが、常日頃から否定的な表現は肯定的な表現に置き換えるくせをつけておくことがコミュニケーションを円滑にするコツです。

●ポイント3　相手の短所を指摘する際はその前後で相手の長所をほめる

サンドウィッチフィードバックといいます（P98参照）。サンドウィッチの具の部分は指摘したい相手の短所や改善点です。それをパンの部分である長所やほめたいことで挟みます。本書では部下に自主的に改善をうながすフレーズで紹介しましたが、まずは、相手のよいところをほめて自尊心を満たしたうえで、悪い点を指摘します。最後に再び相手をほめることで相手は反発することなく悪い点を改善しようという気になります。これは会議での反対意見、仕事の成果や提案についても応用できます。まずは、賛成できる部分（プラス）を伝えたうえで、反対意見（マイナス）を表明し、プラスのコメントで締めくくることで具体的な改善にもつながります。「賞賛・提案・賞賛」や「プラス・マイナス・プラス」のようなイメージで指摘しましょう。

●ポイント４　会話やプレゼンの内容に関係のないムダな体の動きは避ける

会話やプレゼンをしている最中に無意識のうちに自分の動作の悪いくせを出してしまいがちです。たとえば「右足のかかとを上げてしまう」「手のひらをヒラヒラさせる」「手先に力が入り、手が反り返ってしまう」などがあります。これらの動作が気になって相手があなたの話に集中できなくなってしまうことがあります。あなたがどんなによい「達人フレーズ」を駆使しても、不必要な動作のために相手には伝わらず、残念ながらとてももったいないことになります。このようにならないためにも体をまったく動かさずに会話やプレゼンをするトレーニングはとても有効です。

●ポイント5　相手を観察し、常に相手の世界を中心に据えて対話する

相手を観察しながら会話をしてビジネスを進めることはとても大切なことです。ついつい商談中にメモを取ることに一生懸命になって相手の表情を見逃しがちだと、そのやり方は危険です。あなたが相手と信頼関係を築き、ビジネスを円滑に進めたいのであれば、相手を観察し、表情の変化に応じて、適切なフレーズを投げ、相手の反応を観察することが大切なのです。そうすることによって自ずと相手の考えや世界が見え、感じることができるようになり、相手に共感し、相手も共感してくれるのです。

これらの5つのポイントを心がけ、達人フレーズを意識して会話することで、さらにすぐれたコミュニケーション力をあなたは手にすることができるでしょう。

本書の出版にあたり、お世話になった多くの方々に感謝を申し上げたいと思います。

まずは私に本書を出版する機会をくださり、直接の編集をご担当いただきました株式会社マイナビの小山太一さんには大変お世話になりました。ありがとうございました。

また、ビジネス書の著者になるためにいろいろとご指導くださいましたネクストサービス株式会社代表取締役の松尾昭仁さん、ビジネス著者養成スクール7期生の同期のみなさまには学びと勇気をいただきました。心理学をともに学んだNLP95期の仲間たち、第4回LABプロファイル®コンサルタント&トレーナー認定コースや第5回トレーナーズ・トレーニングでともに切磋琢磨したトレーナーのみなさまからはたくさんのエネルギーをいただきました。

最後に私の愛する家族である妻の由美子には、いつも支えられ、感謝の言葉しかありません。本当にありがとう。そして今まで私がお会いしたすべての方々に感謝を申し上げます。最後まで本書を読んでくださいまして本当にありがとうございました。

2014年11月　平林信隆

参考文献

「Words That Change Minds : Mastering the Language of Influence」
Shelle Rose Charvet / Kendall Hunt Pub Co
「NLP WORKBOOK A Practical Guide to Achieving the Results You Want」
Joseph O'Connor / Harper Thorsons
「Sleight of Mouth : The Magic of Conversational Belief Change」
Robert Dilts / Meta Publications,U.S.
「お客様に何を言われても切り返す魔法の営業トーク１００」
小林一光／中経出版
「できる人は上司にモテる　仕事は上司との関係が９割！」
高城幸司／マガジンハウス
「なぜ、キミは上司に好かれないのか」
須田稔／自由国民社

「これだけは知っておきたい　セールストークの基本と実践テクニック」
箱田忠昭／フォレスト出版
「ファシリテーション」
山崎将志／ユナイテッド・ブックス
「上司の哲学　部下に信頼される20の要諦」
江口克彦／ＰＨＰ文庫
「部下の哲学　成功するビジネスマン20の要諦」
江口克彦／ＰＨＰ文庫

編集協力　ネクストサービス株式会社　松尾昭仁

●著者プロフィール
平林信隆（ひらばやし・のぶたか）
心理カウンセラー。LAB（Language and Behavior）プロファイル認定コンサルタント&トレーナー。全米NLP認定マスタープラクティショナー。早稲田大学理工学部卒、南カリフォルニア大学MBA修了。元ソニー社員であり、現職は言葉を扱うソリューション会社の取締役。ソニー在籍時代には倉庫業務、欧州駐在、米国MBA留学、ITベンチャー立ち上げ、米国でのIPO、携帯電話や放送機器事業を通じ、システムエンジニア、ビジネス企画、セールス、マーケティング、商品企画、設計、サービス、物流、広報、IR、財務、宣伝広告、経営管理、執行役員などさまざまな役割に応じて異なる言葉を使いこなしてきた。ビジネスの法則と心理学の法則を融合した独特なコミュニケーションのスキルは、IT業界において、相手の“心”を大切にしてくれる希有な存在である。
https://www.facebook.com/nobutaka.hirabayashi

マイナビ新書

怒らないで聞いてください
～ビジネストーク鉄板フレーズ集～

2014年11月30日　初版第1刷発行

著　者　平林信隆
発行者　中川信行
発行所　株式会社マイナビ
〒100-0003 東京都千代田区一ツ橋1-1-1 パレスサイドビル
TEL 048-485-2383（注文専用ダイヤル）
TEL 03-6267-4477（販売部）
TEL 03-6267-4444（編集部）
E-Mail pc-books@mynavi.jp（質問用）
URL http://book.mynavi.jp/

装幀　アピア・ツウ
印刷・製本　図書印刷株式会社

 ISBN978-4-8399-5328-7
Printed in Japan